ख़ामोशी की आँच

ख़ामोशी की आँच

मुहम्मद नसीरुद्दीन

भारतीय ज्ञानपीठ

वाणी प्रकाशन : भारतीय ज्ञानपीठ की पुस्तकों
के एकमात्र प्रकाशक एवं वितरक

पहला संस्करण : 2023

प्रकाशक
वाणी प्रकाशन ग्रुप
4695, 21-ए, दरियागंज, नयी दिल्ली-110 002
फ़ोन : 011-23273167, 23275710
ईमेल : sales@vaniprakashan.in

ISBN : 978-93-5775-892-5

ख़ामोशी की आँच
(कविता-संग्रह)
मुहम्मद नसीरुद्दीन

KHAMOSHI KI AANCH
(Poetry-Collection)
by Mohammad Naseeruddin

मुद्रक : आर. टेक ऑफ़सेट प्रिंटर्स, दिल्ली-110 032

Price : INR. 420

अनुक्रम

अगहन की कोहरिली भोर

अगहन की कोहरिली भोर में
मैं खड़ा हूँ, अनन्त विश्वासों को
जगा रहा हूँ
कहीं दिखाई नहीं देता सूर्य का उगान
एक पतली-सी पीली सूर्य किरण की धार
मेरे हृदय के भीतर पहुँचती है
और सपनों को जगा रही है

इस कोहरिली भोर में
चिड़िया की चहचहाहट को मैं सुन रहा हूँ
पेड़ों पर दुबके मन से
वह आवाज़ दे रही है
उस आवाज़ के तरंगों में
प्रेम की पुकार उठ रही है

कोहरिली भोर में
प्रियतम की मुस्कुराहटों को
मैं देख रहा हूँ
होंठों पर बनी प्रेम की महक
पूर्णिमा की चाँदनी-सी चमक रही है
उन होंठों के बीच अनेक शब्द
कोहरे की भाषा बन जाते हैं

मैं उस भाषा का स्वागत करता हूँ
गुलाबी फूलों से लिखे गये
प्रेम के शब्दों को हवा में छोड़ता हूँ
तब वे सुन्दर सपने बन जाते हैं

गुलाबों की पंखुड़ियाँ
परत-पर-परत डाले बैठी हैं
उन पर कोहरिली भोर मुस्कुराती है
तब वे सुन्दर भावनाओं में खिलकर
सुगन्ध को अनन्त हवाओं में फैला रहे हैं
फिर वे प्रेम की भाषा बनकर
सपनों को जगा रहे हैं

मैं देख रहा हूँ
पहाड़ियों पर चमकती कोहरिली भोर को
उस पर बादलों की तरह
सफ़ेद परत बनी हुई है
वह प्राकृतिक झील बनकर
प्रेम से दौड़ रही है

यह हेमन्त ऋतु का पहला मास
कोहरे से भरा हुआ मास है
जगा दे रहा है प्रेम की लहरों को
और भावनाओं में घिरे सपनों को
अगहन की कोहरिली भोर
मुझे ही पुकार रही है
प्रेम के गीत गा रही है।

कोहरे के बीच

मैं चल रही थी कोहरे के बीच
मैं बह रही थी शीत लहरों में
एक सुगन्ध मेरे हृदय के अन्तर्मन को
छूने का प्रयत्न कर रही थी

मैंने देखी उसके स्पर्श के आगोश में
लहराते फूलों की पंखुड़ियों में
ओस के बिन्दुओं में छुपी हुई
वह सुगन्ध मुझे पाने को आतुर थी

मेरे होंठों के बीच अनेक शब्द
प्राकृतिक झील के जल में समा रहे थे
एक वाणी सुनाई दे रही थी
उस वाणी में हिम से भरा प्रेम था

मैं उस प्रेम के अक्स को देख रही थी
मेरे भीतर से अनेक सपने जाग उठ रहे थे
वे प्रेम की धार बनकर
सूरज की लाल किरणों को छू रहे थे

तुमने देखा है
पवन की फैलायी हुई बाँहों को
कोहरे की चादर ओढ़े हुए सवेरे को
हरियाली पर चमकते ओस के बिन्दुओं को

यह शरद ऋतु का सवेरा
शीत लहर का मौसम
तुम्हें ही पुकार रहा है कोहरा बनकर
मैं उस कोहरे के बीच खड़ी हूँ

आओ मेरे सपनों के बीच
प्रेम की धार बनकर
प्रकृति के सुन्दर दृश्यों के बीच
प्रेम की ज्वाला बनकर

इस प्राकृतिक चुप्पी को तोड़कर
मुस्कुराहटों में बदल डालेंगे
स्वर-में-स्वर मिलाकर
कोहरे के बीच शब्द बन जायेंगे।

बसन्त की भीनी ख़ुशबू

आज एक नया स्पर्श
मेरी त्वचा को छूने लगा
मन विचारने लगा कि
यह कैसा स्पर्श है
मेरी भावनाओं को प्रेम से
घेर रखा है
मैंने देखा उसके आँचल को
यह बसन्त की ही छुअन है

सरसों के फूल आज बहुत ही
पीले रंग में दिखाई देने लगे
उसकी भीनी ख़ुशबू
पवन बनकर घूम रही है
गुनगुनाते स्वर
प्रेम भरे शब्दों को खोलने लगे
मैंने देखा बसन्त आ गया है

अब ना शीत लहर का कहर है
ठिठुरन का कोई डर है
लताएँ खिल उठने लगीं
खिलती कलियाँ मुस्कुराने लगीं
प्रकृति खिल उठने लगी

नवरस से भरने लगी
देखो बसन्त आ गया है

नव अरुण की उषा
खिड़कियों में से झाँकने लगी
नव वधू की तरह सज-धज के
अलंकृत होने लगी
कोयल की स्वर में यौवन
खिल उठने लगा
प्रेम के रस में भीगने लगा
मैं समझ पाया हूँ कि
यह बसन्त ही है

लहलहाती फ़सलों पर
तितलियाँ पंख हिला रही हैं
पक्षियों की चहचहाहट
हृदय में एक अजीब सा उल्लास बना है
आलिंगनों में पहला प्रेम बसा है
अब मैं समझ सकता हूँ कि
यह ऋतुओं का राजा बसन्त ही है

भीनी ख़ुशबू लेकर आया है
मेरे हिस्से का बसन्त
हवा फैला रही है
धरती के आँचल पर
अब मैं उसकी ख़ुशबू को
हृदय में सँभाल कर रखूँगा
फिर एक बसन्त के आने तक।

प्रेम

प्रेम मेरे मानस का हंस है
भीतर से उठते शब्दों की माला है
जीवन के कैनवस पर
अमृत की धारा है

प्रेम में डूब जाता है प्रेम ही
बीच का रासता है मनुष्य
जब मनुष्य प्रेम में डूब जाता है तो
प्रेम कहीं दिखाई नहीं देगा
सच में तो यह प्रेम सृष्टि का
वैकल्पिक मार्ग है

भावनाओं की नदी में जब मैं बहता हूँ
प्रेम भी मेरे साथ बहता है
जब मैं फूलों को प्रेम से देखता हूँ
तो वे फूल मेरी ओर मुस्कुराते हैं प्रेम से

प्रेम को प्रेम से ही मिलना चाहिए
क्योंकि शरीर एक मानसिक ढाँचा है
उसके मानस की सतह पर
प्रेम ऐसे उभरता है
जैसे नदी उफांग लगाती है

जब बरसते हैं बादल तो
तुम प्रेम के गीत गालो
भोर में खड़ा तुम्हारा मन
प्रेम की वर्षा में डूब जायेगा

खिलते हुए फूलों को देख
तुम मुस्कुरा लो हृदय में
प्रेम वहीं से खिल उठता है
जो भावनाओं में मन उभरता है

स्वार्थ चिन्ताओं में घिरे मनुष्य ही
हर दिन भय को जन्म देते हैं
एक प्रेम ही तो है
मनुष्य के मन से भय को
धो डालता है

तुम अपनी भावनाओं को
प्रेम के कुंज में बाँधकर
ठहरा दो
वहाँ एक नया आकाश जन्म लेगा
वह प्रेम से भरा हुआ रहेगा।

प्रेम के झरोखों से

तुम हृदय के झरोखों से झाँक कर देखो
प्रेम की नयी तरंगें तुम्हें पुकार रही हैं
फूलों की सुगन्ध को बहा रही हैं
कोयल की स्वर से उठकर अम्बर को छू रही हैं

तुम्हारे शब्दों के झरोखों में
मैंने देखा है एक अमृत की धारा को
वह सूरज की पहली किरण की तरह
मेरे हृदय में प्रवेश हो रही है

तुम अपने पलकों के झरोखों से देखो
आज आकाश कितना निर्मल दिख रहा है
सवेरे ही ओस के बिन्दुओं में
प्रेम बनकर झलक रहा है

तुमने देखा नहीं होगा
कोहरे से भरे हुए सवेरे को
मैंने देखा है कोहरे से भरे सवेरे को
उसके झरोखों में
एक अद्‌भुत दृश्य को
जहाँ ठहरे थे दो युगल प्रेमी

एक मुस्कुराता चाँद
मेरी ओर चल कर आ रहा था

मैंने उसके झरोखों से देखा
तुम्हारे नयनों में ठहरे प्रेम को
वह प्रेम फूलों जैसा खिल रहा था
मैं उसकी ख़ुशबू पाने
अम्बर से कोहरा बन
उतर आया हूँ तुम्हारी पलकों पर

प्रभात की उजली किरणों के
झरोखों से मैंने तुम्हें देखा
तुम्हारे चाँदनी की शीतल बाँहें
पलाश के पत्तों की तरह हिल रही थीं
उसमें से प्रेम के अक्षर
गीत बनकर लहराने लगे थे
मुझे लगा यह प्रेम की पहली पुकार है

आज साँझ में दिन ढल रहा है
हल्का-सा अँधेरा छा रहा है
मैंने उसके झरोखों से तुम्हें देखा
तुम प्रेम का दीया लिए खड़ी हो
उस दिये की रोशनी में
तुम एक अद्भुत सुन्दर सपना बनकर
मेरी ओर चली आ रही हो।

कविता

तुम कविता को छू नहीं सकते
कविता ही तुम्हें छूती है
तुम्हारे देह को
तुम्हारे मन को और
तुम्हारे विचारों को

देखो कविता फूलों में शब्द बन कर
कैसे तुम्हारे हृदय को छू लेती है
जब कोयल की कंठ से
स्वर बनकर निकलती है
तो सारी प्रकृति खिल उठती है

कविता छलाँग मारती है पहाड़ों पर
तो वहाँ के झरनों में ऐसे लीन होती है
जैसे उसके अक्षर सागर में मोतियों जैसे हों
फिर वह धरती पर उतर आती है तो
नदियों में बहने लगती है
क्योंकि नदियों की सभ्यता को
ऊषोदय किरणों की तरह
धरती पर फैलाती है

कविता से डरते हैं कुछ मनुष्य
क्योंकि वह उनसे प्रश्न करती है

वे मनुष्य अपनी काली करतूतों को छुपाते हैं
इसलिए वे डरते हैं
कविता उनकी काली करतूतों की चादर पर
इतिहास लिखती है

समाज में दोनों प्रक्रियाएँ सक्रिय हैं
एक तो झूठ और दूसरा सच्चाई
कविता सच्चाई को लेकर चलती है
झूठ का पर्दाफ़ाश करना उसका कर्म-ध्येय है

कविता अपने भीतर झाँकते हुए भी
समुद्र की गहराइयों तक पहुँच जाती है
उस पर रंग चढ़ता है राजनीति का
रंग चढ़ाने वाले अलग किसम के होते हैं
वे झूठ को ज़िन्दा रखना चाहते हैं

तुम कविता को उतार लो अपने मन में
तब तुम ऐसी रोशनी को पाओगे
जो सच्चाई के मन्दिर से निकलती है
तुम कविता से प्रेम करो
वह तुम पर करुणा के फूलों को बरसाती है

कविता का सफ़र
छायावाद से प्रयोगवाद तक
प्रयोगवाद से प्रगतिवाद तक और
आज नयी कविता बनकर
हमारे आगे चल रहा है
यह सफ़र चलता ही रहेगा
अन्तिम मानव के जीवन तक।

कविता को बहने दो

सागर की लहरों पर
अक्षरों का सृजन होने दो
पंछियों के कलरव पर
शब्दों के पंख हिलने दो
कवि की क़लम से
कविता को बहने दो

पतझड़ के समय
उन सूखी पत्तियों की आवाज़ सुनो
उस आवाज़ में कुछ निराश शब्द
मुझको सुनाई दे रहे हैं
तुम भी उन शब्दों की ओर ग्रहण करो
वही तो हैं कविता के शब्द
तुम उन्हें बहने दो

अन्धकार की दीवारों का चीरहरण कर
जब सूर्य की किरण निकल आती हैं
तब पौधों पर नये पुष्प खिल उठते हैं
सुगन्ध की धार बनकर हवा में बह जाते हैं
मैंने देखा उसमें कविता की लहरों को
तुम भी देखो उन लहरों में कविता को
और उस कविता को बहने दो

मौन शब्दों की चिंगारी को
तुमने कभी देखा नहीं
बहती नदी के अन्तर्मन की आवाज़ को
तुमने कभी सुना नहीं
तूफ़ान के आँचल पर ठहरे
जीवन की संवेदनाओं को
तुमने कभी महसूस किया नहीं

अब तुम एक क़लम बनकर
हर रास्ते की त्रासदी को पहचान लो
जिनके आँसुओं की स्याही से
अक्षरों का सृजन होने दो
फिर एक नयी कविता को रच दो
जो मनुष्य को मनुष्यता बनाने में
वह अपना कर्तव्य निभाती है
उस कविता को प्रेम से बहने दो।

कवि का मन

कवि का मन उलझे हुए शब्दों को
आत्मीयता से भरी भावनाओं में ले जाता है
वहाँ उसे चाँद की रोशनी में डुबोकर
प्रेम के दीप जलाता है

जब उसके शब्द खिल उठते हैं तो
उन शब्दों के अक्षरों से रस फूटता है
वे गुलाब की पंखुरियाँ बनकर
उलझे हुए मन पर बरसने लगते हैं

कवि का मन आशा का दीप है
वह सागर से लहरों को आकाश में उड़ाता है
कवि का मन पत्थरों की भाषा में लुप्त हो कर
एक नये संगीत को जन्म देता है

तुमने कभी अपने हृदय की आँखों से
कवि के मन की गहराई में झाँका है ?
वह कितना संवेदनशील है
उसके प्रेम में आकाश भी छोटा है
वह मन का सागर है

कवि का मन झील की तरह
प्रेम के फूलों को शब्द बना कर बरसाता है

तुम उन शब्दों को प्रेम से गले लगा लो
हृदय के आँचल में छुपा लो
वह तुम्हारे हृदय के भीतर खड़ा रहेगा
प्रेम के फूल बरसाता रहेगा।

अग्नि धार

कवि की भावना, कवि के विचार
मानवतावाद की गोद से निकले हुए
सूर्य की किरण है
उसके शब्द सच्चाई की धार पर चलते हैं
वह भाषा के अमृत को
भावनाओं में बहाता है

सूखी धरती की प्यास को बुझाने
आकाश अपनी भुजाओं पर
बादलों के झुंड का भार उठाता है
तो कवि, सामाजिक चेतना के लिए
उतना ही भार उठाता है
जो उसके अन्तर्मन में यथार्थों का
तूफ़ान खड़ा हुआ हो

चाहे मनुष्य आस्तिक हो
या नास्तिक
जीवन चलने की प्रक्रिया एक ही होती है
कोई सत्ता में रहे या विपक्ष में
उन्हें जनता की भावनाओं को
आत्मनिर्भरता का गौरव देना चाहिए

कविता मन से निकली हुई
शब्दों की बान है
वह सामाजिक बुराइयों पर
शब्दों का दर्पण बनती है
चाहे उसमें वे अपने रूप को
देख सकते हैं हृदय के अन्तर्मन से
बिगड़ी हुई छवि को

दीपक की रोशनी
बहुत छोटी होती है
पर उसका समय बहुत मूल्यवान
होता है
वह अपना कर्तव्य पालन
अग्नि साक्षी से करती है

कवि अपने हृदय का पालन
सामाजिक चिन्ताओं पर करता है
सच्चाई की क़लम थामने वाले कवि को
अग्नि रेखा पर से चलना पड़ता है
भाषा की चुप्पी को भावनाओं में बदलने
वह निरन्तर संघर्ष करता है

चाहे हवा का झोंका
उसके विपरीत चले
लेकिन वह सामाजिक संवेदनशील
बना रहेगा
उसकी क़लम सच्चाई की
'अग्नि-धार' से चलती है।

नवयुग की नारी

हे नवयुग की नारी
तुम प्रभात किरणों के साथ
खिल उठ रही हो समय के आँचल पर
एक नयी ज्ञान-धारा लेकर

जब तुम युगों तक पीड़ित थीं
हृदय में संघर्ष की ज्वाला लेकर
आज तुम खड़ी हो सपनों को
साकार करने की क्षमता पाकर

तुम्हारा हर पथ
जवाबधारी बना है, प्रश्नों की परम्परा पर
मतलबी लोग ज़हर उगलते ही हैं
तुम्हारी जीत की आकांक्षाओं पर

अब तुमने डर की उस रस्सी को
जला डाला है, सशक्त बनकर
भविष्य तुम्हारा ऊँचा आकाश है
तुम उस ऊँचाई पर खड़ी मुस्कुरा रही हो

परम्परावादी ज़ंजीरों को तोड़ कर
समाज के हर क्षेत्र में
तुम्हारा क़दम ठहरा है

आत्मनिर्भर होकर
हर बुलन्दी को पार कर रहा है

पुरुष प्रधान समाज में
एक कठपुतली बनकर जी रही थीं
आज तुम नारी प्रधान समाज
बनाने की होड़ में
सागर की लहर बनकर उड़ रही हो

आज तुम हर क्षेत्र का नेतृत्व कर रही हो
चाहे शिक्षा जगत हो
खेल जगत का मैदान हो
एक सशक्त नारी बनकर
अनेक क्षेत्रों में
अपना स्थान बना रही हो

हे नवयुग की नारी
तुम्हें कहते हैं आधा आकाश
लेकिन तुम आज पूरा आकाश हो
क्योंकि तुम मातृत्व का अधिकार पाकर
अपनी ममताओं से समाज को
उत्कृष्ट प्रेम और शान्ति दे रही हो।

नारी तुम अरुण शक्ति हो

नारी तुम भविष्य की
नयी तरंगों को
ज्ञान के सागर पर
ऐसे उड़ा रही हो, जैसे
पक्षियों का झुंड आकाश की ओर
पंख हिलाते हुए उड़ता है

तुम्हारी ऊँचाई का आकाश को
तोड़ने की दीवारें उठ खड़ी होती हैं
पर, तुम अरुण शक्ति बनकर
हर दीवार को भस्म कर
आगे निकल रही हो

चिन्ता की बात यह है कि
तुम्हारी उड़ान के आगे
रोड़े बन रहे हैं अपने ही लोग
तब तुम्हारे रास्ते कँटीले बनकर
लक्ष्य को प्राप्त करने में
निराश हो रहे हैं

हर निराश को आशा में
बदलने के लिए तुम
सवेरे का प्रकाश बनकर

आत्मनिर्भरता से आगे निकल रही हो
समानता के अधिकार को
सुनिश्चित करने अंकुर बन उठ खड़ी हो

नारी तुम संस्कारों से परी हो
अनन्त काल से आज तक
बलिदानों की इतिहास बनी हो
पुरुष प्रधान समाज में
डर-डर कर जीती रही
लक्ष्य को साधने में असफल रही

नारी आज तुम सशक्त बनकर
सभी क्षेत्रों में अपना स्थान
बनाये हुई हो
हर लक्ष्य को प्राप्त कर
सफलता के सूर्य को छू रही हो

जीवन से जुड़े अनेक निर्णय को
स्वयं ही साकार कर
विश्वास भर रही हो
करुणा के सागर में
ममताओं को अमृत से भर रही हो
नारी तुम अरुण शक्ति हो।

ख़ामोशी की आँच

आँखों से बहती नदियाँ
छुपा नहीं सकतीं अपने भीतर
वेदनाओं से भरे तांडव को
कोई पर्दा डाल नहीं सकता
कुचले गये जीवन की आहट को

तुम्हारे भीतर एक
ख़ामोशी की आँच ठहरी हुई है
वह धीरे-धीरे तूफ़ान के आँचल पर
ऊर्जा की धार बनकर बह रही है

भोर में खड़ी तुम देख रही हो
अक्षरों के सिन्दूर को
वे शब्दों की ज्वाला लिए
दर्पण में खड़े हैं

जीवन की पाठशाला में
तुम्हारे शब्द बिखर गये थे
गहरे विक्षोभ में ठहरी तुम
प्रतीकात्मक भावनाओं को
मन में उठा रही हो

समय जब अँधेरे रास्ते खोलता है
तब तुम उसमें मौन शिला बन गयी थीं

ज़ख्मी शरीर भय के भँवर जाल में
दबदबा आकाश बन चुका था
जीवन का पथ कलंक की काली
छाया बनकर तुम्हें गहरी वेदनाओं में डाल दिया

अनहोनी शब्द समाज के भीतर
कभी छुपाये नहीं जाते
अनेक चुप्पियाँ मुँह खोल
तांडव मचाती ही रहेंगी

तुम्हारी ख़ामोशी की आँच
अनेक रास्तों पर लहर बनकर
खड़ी हो सकती है युगों तक सदियों तक
क्योंकि तुम्हारा सुन्दर-सा सपना
जब भस्म होने लगा
तब तुम मौन दुखी थीं

आज तुम्हारी संकुचित मानसिकता आँच की
उपज बनकर खड़ा हो गयी है
तब तुम ख़ामोशी की आँच से
एक नये अस्तित्व को जन्म देने लगी हो

तुम्हारा अस्तित्व महान शक्तिशाली बनकर
उभर रहा है मानसिकता के द्वार पर
क्योंकि तुम अब अरुण शक्ति बनी हो
उस दाग़ को मिटाने खड़ी हो

नयी उषा किरण अब तुम्हें
आज़ादी के आँचल पर ठहरा रही है
निस्संकोच तुम्हारा जीवन
पवित्र गंगा ही बना रहेगा।

जीवन पथ

सपनों के कैनवास पर
वे एक उम्मीद बनाये हुए थे
जीवन के पथ पर खड़ा होना
अब समय की चुनौती बन गयी है

दृश्य बदलने में
समय कभी करवट नहीं लेगा
जो उम्मीद की किरण थी
आज वह भी टूट गयी है

मन के भीतर से विश्वास की परतें
उजड़ने लगती हैं तो वहाँ
एक अँधेरा छा जाता है
सपने ऐसे टूट जाते हैं, जैसे
जीवन में भूचाल आया हो

वे अपने भीतर अनेक सपनों को
ओस की बूँदों की तरह सजाये हुए थे
पेट की आग, उनके सपनों की आग बन कर
लहराने लगी थी, अनेक शब्दों में

जब शब्द ही ना बचे तो
उम्मीदें कहाँ बच सकती हैं

श्मशान की राख की ढेर पर
उनके सपने बिछा दिये गये हैं

वे आकाश की ओर सपनों को देखते हैं
तो, उनके पैर धरती के नीचे दबोचने लगते हैं
चेहरों पर नयी पीड़ा के भाव उभर कर
भय के रंगों में बदलने लगते हैं

जब उनकी पहचान परिभाषित होती है
तब मन अग्नि में जलने लगता है
उनका जीवनपथ ओट में खड़ा
ओस का बिन्दु बन जाता है
और वह जलता हुआ मशाल बन जाते हैं।

मुक्ति

वे चाहते हैं मुक्ति
जीवन में ठहरे अँधेरों से
पराजित होते विश्वासों से
मौन में ठहरे कुंठाओं से
बिखरते लक्ष्य की आशाओं से

सागर कभी अपनी लहरों से
मुक्ति नहीं चाहता
नदियाँ अपने बहाव से
नहीं चाहतीं मुक्ति
चिड़िया अपनी चहचहाने पर
मुक्ति नहीं चाहती
फिर मनुष्य क्यों चाहता है
जीवन से मुक्ति ?

हृदय में दीपक जलता है, तो
जीवन में आनन्द की रोशनी फैलती है
जब जीवन में ही अँधेरा
छाया हुआ होता है, तो
उसके हृदय में कौन-सा दीपक जलता है?
विचार उठते हैं अँधेरे जीवन से
मुक्ति पाने को

पर, कहीं सम्भव की तलाश में
असम्भव की दीवार खड़ी होती है

उन्हें पतझड़ के वादे नहीं
आत्म-उत्पीड़न से मुक्ति चाहिए
तुम दोगे उन्हें सत्य की शिलाएँ
एक सत्य ही दीपक को जलाता है
तुम उनके सुख-दुख को अपना समझोगे
तब तो वे दर्द भरे आँसू से मुक्ति पायेंगे

लेकिन तुम ऐसी समस्याओं पर
परदा डालते हो, जहाँ से
चीत्कारती भूख की आवाज़ें निकलती हैं
आत्महत्या के दृश्य दिखाई देते हैं
वे हर दिन समाज के भीतर से
आँसू के शब्द बनकर उठते हैं

मुक्ति तो मिलती है उन्हें
जो जीवन में निराशा की तलवारों से
हर दिन टकराने पर
सपनों की आशा लेकर
वे ही मुक्ति पाते हैं
जो सम्भावनाओं को तलाशते हैं
और संघर्ष की ज्वाला लिए चलते हैं।

परिवर्तन

काश, मेरे जीवन में
वह सपना सच बनता
जो मैं बरसों से देखता आ रहा था
एक नयी दुनिया को जिसमें
मुस्कुराहटों का सवेरा हो
धर्म की दीवार पर प्रेम के फूल हों
भाषा के रास्ते सच्चाई के शब्द हों

आज संघर्षों से जूझता अँधेरा
नये किरण की रोशनी के लिए
तड़प रहा है
वेदनाओं के सरोवर में धरती खड़ी
शान्ति की लहरों को पुकार रही है
बहती नदियाँ सिखा रही हैं
अनेक सभ्यताओं के आँचल को

काश, यह जीवन फूल बन जाता तो
सवेरे ही मुस्कुराहटों से सुगन्ध को भर देता
काश, यह जीवन पंछी का जन्म लेता
तो प्रकृति की गोद में प्रेम के पंख हिलाता
लेकिन आज हम मनुष्य बन कर भी
मनुष्यता की भावना में हारे हैं

जब तक हमारे अन्दर आत्म-चिन्तन ना हो
तब तक हमारे जीवन में स्वार्थ विचार ही ठहरेंगे

खुले आकाश के नीचे खड़ा मैं
देख रहा हूँ, जीवन के हर पथ को
अभावों से जूझते मनुष्यों की वेदनाओं को
समय की शिला पर ठहरे अनेक बच्चों को
उनका जीवन उस रास्ते पर छूटा है
जहाँ भुखमरी के सिवा कुछ नहीं प्राप्त होगा
वह छोटी-सी उम्र में ही श्रम की बेड़ियाँ उठाये हुए हैं
और शिक्षा से वंचित हो रहे हैं
कल उनका भविष्य कितनी समस्याओं से घिरा रहेगा
उनका आकाश कितना ठिठुर बनेगा
यह तो वर्तमान की रेखाएँ बता रही हैं

काश, धन का प्रवाह
राजनीति और मतदान की
सरगार्मियों में ना होकर
अशिक्षित बच्चों की शिक्षा के लिए होता
भुखमरों की वेदनाओं में प्रेम बरसता
तो आज मनुष्य के जीवन में
एक नया परिवर्तन आ जाता
वह फूलों जैसी मुस्कुराहटों में बदल जाता।

विष भरा बवंडर

भीड़ ने दबोचा है
एक नागरिक को
एक मनुष्य को
और मानवता के रूप को
उसकी मौत पर सन्तुष्ट होते
अनागरिक सिद्धान्त को अपनाने वाले

देखो आज मनुष्य ने विज्ञान के रास्ते
अपने जीवन को कितना उत्कृष्ट बनाया है
इस धरती को एक छोटा-सा गाँव बनाकर
आकाश में ठहरे अनेक ग्रहों का
सफ़र तय कर रहा है

फिर भी मनुष्य
अपनी मनुष्यता को भूल कर
अँधेरे रास्तों में विष भर रहा है
मानव जीवन की शृंखला में
अमानवीय भावनाओं को अपना रहा है
उसका ज्ञान अधूरे आकाश में लटक गया है
क्योंकि मनुष्य स्वार्थी राजनीति के
बवंडर में फँसा हुआ है

पूर्णिमा के चाँद को देखना है तो
दर्पण में झाँकने की आवश्यकता नहीं
वह तो खुले आकाश में ठहरा हुआ है
उसकी चाँदनी को अपनाना है तो
धरती के आँगन में आना होगा

प्रकृति जिस चीज़ को
जहाँ ठहराती है, वह वहीं ठीक है
सागर अपनी जगह और
मनुष्य अपनी जगह
जीवन का अन्त होना
सत्य की शिला पर एक लकीर है

सभ्यता नाम का एक शब्द है
उसे असभ्य बनाने से
शब्द असभ्य हो जाते हैं
भाषा का रूप बदल जाता है
असभ्यता की चिंगारी
सभ्यता के देह को जला देती है

तुम विष से भरा बवंडर मत बनो
वह एक आँधी-तूफ़ान है
विनाश का तांडव है
फिर सब कुछ नाश
मानवतावाद नाम का रूप भी।

मनुष्य तुम जीवित हो?

हर दिन
बमबारी के भयानक शब्दों में
उजड़ते तुम्हारे सपनों के बीच
मनुष्य तुम जीवित हो ?

विस्फोट से दहल जाते
तुम्हारे पक्के मकान
उस भयंकर बन्दूक़धारी की
गोलियों का शिकार होते तुम्हारे देह
वहाँ मनुष्य तुम जीवित हो ?

ऋतुओं का बदलना
तुमने देखा नहीं होगा
तुम देख रहे हो
अनन्त हवाओं में फैलते विष को
उस विष से तुम्हारे श्वाँस की नलियाँ
प्राण-वायु की जगह विष-वायु को खींचती हैं
हे मनुष्य वहाँ तुम जीवित हो ?

कोयल के मीठे गीतों की जगह
तुम सायरन की आवाज़ों को और
दहलाती मिसाइलों की आवाज़ों को
धड़कते हृदय के बीच सुन रहे हो

भौंरे और तितलियों को
अब तुम फूलों पर नहीं देख पाओगे
जहाँ तुम ठहरे हो
वहाँ नन्हे-नन्हे बच्चों की
चीत्कारती आवाज़ों को
उनके लहूलुहान चेहरों को
मौन भाषा में देख रहे हो

घोंसले में चिड़िया के बच्चों के मुँह में
चिड़िया दाना डाल रही है या नहीं
तुम नहीं देख रहे हो
तुम देख रहे हो
बमबारी में जुदा होते माँ और बच्चों की
आत्मा की पुकार को
उनकी भूख की वेदनाओं को
लहूलुहान शरीरों को देख
तुम्हारे भीतर दुःख से बहती नदियाँ
अशान्ति आँसुओं को कैसे बहा रही हैं

तुम भोर में खड़े होकर
भावुक मन से देख रहे हो
जलते हुए शहर की वीभत्सता को
विध्वंसकारी के ख़तरनाक मंसूबों को
तुमने वर्षों से सजाया था
अपने शहर की इमारतों को
एक-एक ईंट करके
उसकी सुन्दरता को दिखाया था
धरती के जन-जन को

अब इस विनाशकारी युद्ध से
तुम्हारे सपनों का जीवन-पथ
इमारतों के मलबों पर खड़ा होकर
देख रहा है स्वार्थी मानव की ओर
जो धरती को हड़पने की चाह में
वह कितना विध्वंसकारी बन गया है
हे मनुष्य तुम वहाँ जीवित हो ?

माँ की आशा

मैं देख रहा था
एक घोंसले की ओर
उस घोंसले में एक चिड़िया
अपने बच्चों के मुँह में
दाना डाल रही थी प्रेम से
वे बच्चे उस दाने को खाते हुए
आनन्द से पंख हिला रहे थे

जैसे कि मेरी माँ ने मुझे
खिलाया था, पिलाया था
लोरी गाकर सुलाया था
जीवन के हर संघर्ष का सामना कर
मेरी माँ ने मुझे बड़ा किया था

एक दिन मैंने देखा चिड़िया के
उस घोंसले में झाँक कर
वहाँ दूसरा कोई नहीं था
सिर्फ़ एक माँ बैठी हुई थी
आशा कर रही थी
उसके बच्चे फिर लौट आयेंगे

जब पंख उड़ने लायक हो जाते हैं, तो
वे बच्चे उड़ जाते हैं कहीं दूर

फिर कभी लौट नहीं आते
लेकिन माँ की आशा ज़िन्दा रहती है
वर्षों तक सदियों तक

आज मेरी माँ भी
उसी आशा से घर के भीतर बैठी हुई है
हर कमरे में, हर कोने में
जगह-जगह झाँक कर देख रही है
और अपनी यादों को तलाश रही है
उन जगहों पर जहाँ उसके बच्चे
खेलते-खेलते बड़े हो गये थे

उनके नन्हे-नन्हे शब्द
आज भी गूँज रहे हैं माँ के हृदय में
वह माँ वहाँ अपने आँसू टपका रही है
क्योंकि आज उसके बच्चे बहुत दूर
हज़ारों मील पार कर उड़ गये हैं

मेरी माँ की ममता आज भी
जाग उठी है, आशाओं के साथ
फिर वे बच्चे आयेंगे इस घर में
उनके शब्द और उनकी हँसी
फिर एक बार लौट आयेगी
और खिल उठेगी
उनके आने से घर का अँधेरा
हट जायेगा और
रोशनी से जगमगायेगा
यह मेरी माँ की आशा है।

पिताजी

पिताजी एक शब्द ही नहीं
वह परिपूर्ण जीवन है
उनका स्पर्श, उनका बोध
मेरे जीवन को उत्कृष्ट बना दिया है

वे ही तो दिये हैं मुझे
शब्दों की परम्परा को
मानवता की श्रृंखला को
प्रेम के अक्षरों को

जब मैं पिताजी के साथ चलता हूँ
तो मेरा हृदय विश्वासों से भर जाता है
क्योंकि वे मेरे लिए रक्षक ही नहीं
हर संघर्ष का समाधान हैं

पंछी अपने बच्चों को
उड़ना सिखाते हैं
लेकिन पिताजी उड़ना ही नहीं
जीवन की हर त्रासदी से
संघर्ष करना भी सिखाते हैं

पिताजी का अनुभव
मेरे लिए एक शिक्षा है

मैं उन्हें पहला गुरु मानता हूँ
क्योंकि माँ ममताओं को भर देती है
तो पिताजी उन ममताओं के प्रतीक बनते हैं

बच्चों का वर्तमान और भविष्य की चिन्ता
तो सिर्फ़ पिताजी ही उठाते हैं
दुखों के हर आँसू को माँ
बहा देती है पलकों पर से
लेकिन पिताजी भीतर ही भीतर पी जाते हैं

वे रहें ना रहें
जीवन तो ऐसा ही चलता है
पर उनके उत्कृष्ट शब्द
उनके मानवीय मूल्य
मेरे जीवन के हर रास्ते पर
दीपक की रोशनी बन खड़े हैं

आज मैं उस रोशनी में चलते हुए
सामाजिक दृष्टि को अपनाता हूँ
फूलों जैसे शब्दों को चुन लेता हूँ
फिर एक नयी काव्य-धारा बनकर
पिताजी के सपनों को
साकार करना चाहता हूँ।

शिक्षक

शिक्षक ज्ञान से भरा एक आकाश है
वह समाज का मार्ग-दर्शक भी है
जिस विद्यालय में उसके चरण गिरते हैं
वहाँ के फूल महक जाते हैं

शिक्षक ज्ञान के प्रकाश से
अँधेरे रास्तों को रोशन करता है
भविष्य के आकाश को
आत्मविश्वास से भर देता है

जिस विद्यालय के विद्यार्थी
अपना भविष्य बनाने की आशा रखते हैं
वहीं शिक्षक उनकी आशाओं में
विश्वास के सूर्य को भर देता है

जहाँ निष्ठा और समर्पण के साथ
विद्यार्थी जीवन को
ऊँचे स्थल के शिखर तक
पहुँचाने के सपनों को सच बनाता है
वहीं विद्यालय, ऊँचे नाम से
आकाश के शिखरों को छू लेता है

मनुष्य को मनुष्यता का पाठ
पढ़ाने वाले शिक्षक
आज अपने जीवन में
अनेक संघर्षों से जी रहे हैं
निजी विद्यालयों में वे
अपने भविष्य की आशाओं को
निरस्त होते देख रहे हैं

शिक्षक चलता-फिरता एक आकाश है
वह ज्ञान की वर्षा से
धरती को भिगोता है
वहीं अमन के फूल खिल उठते हैं।

मैं शिक्षक हूँ

मैं शिक्षक हूँ
ज्ञान के दीपों को जलाकर
विद्यार्थी के जीवन में ज्योति बढ़ाता हूँ
शिक्षा पाकर विद्यार्थी अपना लक्ष्य साधे
यह मेरी आकांक्षा रही

इस विद्यालय की धरती पर
अनेक छात्र अपना भविष्य बनाने आते हैं
मैं उनका फूलों से स्वागत करता हूँ
उनके जीवन में शिक्षा का
ज्ञान भर देता हूँ

मैं कोई ज्ञानी नहीं हूँ
पर मेरे पास जो ज्ञान है, उसे धार देता हूँ
मेरी शिक्षा से कोई बदलाव न आया
तो मैं कैसे कहूँ कि मैं शिक्षक हूँ ?

आज भी मैं विद्यार्थी हूँ
शिक्षक बनने के लिए हर समय
मुझे विद्यार्थी बनना ही पड़ेगा
क्योंकि शिक्षा देने के लिए भी
शिक्षित होना है
हर चुनौती को स्वीकारना है

वर्तमान में खड़ा मैं देख रहा हूँ
कोरोना की त्रासदी से
बन्द पड़े हैं हमारे अनमोल विद्यालय
जहाँ से बहती थीं शब्दों की लहरें
जीवन के दीपों में बढ़ती थी रोशनी

आज सूनी पड़ी हैं प्रेम भरी मुस्कुराहटें
सपनों की लहरें विषादों के गीत गा रही हैं
अदृश्य होती भविष्य की रेखाएँ देख
अँधेरे को मिटाने जीवन संघर्ष करता हूँ

यथार्थों के बादलों को छुपाकर
मुस्कुरा लेता हूँ
समय की पुकार में
मैं निःशब्द रह जाता हूँ

हृदय में एक आशा जाग रही है
आज नहीं तो कल विद्यालय खुल जायेंगे
फिर एक बार चमन के फूल मुस्कुरायेंगे
शब्दों की लहर दौड़ेगी
तब मैं आत्मनिर्भर हो शिक्षा दूँगा
क्योंकि मैं शिक्षक हूँ।

शिक्षक का महत्त्व

वे फूलों में अक्षरों को
अमृत से भर देते हैं।
ज्ञान के दीपों को जलाकर
छात्रों के जीवन में प्रकाश भर देते हैं।

प्रशंसा के पात्र होते हुए भी
वे नहीं चाहते प्रशंसा प्रश्न बने।
वे विशेष हैं छात्रों के लिए
समाज की आत्मा के लिए ।

सभ्य समाज के लिए
निरन्तर उनका प्रयत्न रहेगा।
मनुष्य को मनुष्य बनाने में
असभ्यता की दीवारों को
वे तोड़ने की शिक्षा देते हैं।
भविष्य के रास्तों में
प्रेम के फूल भर देते हैं।

नाव में बैठे छात्रों को
उनके लक्ष्य स्थान तक पहुँचाना
अपना कर्तव्य समझते हैं।
पगडंडी से चलते हुए
वे नये रास्तों का अन्वेषण करते हैं।

यह भूगोल है
यहाँ रास्ते अलग-अलग हैं।
जो निर्धारित रास्तों से भटकते हैं
वे समाज में दुःख के पात्र होते हैं।

जाति-धर्म का भेद
शिक्षक नहीं सिखाता।
सत्ता पाने के लिए
राजनीति के मुर्दे सिखाते हैं।

माता-पिता के बाद
बड़ा महत्त्व शिक्षक का होता है।
अक्षरों की किरणों को
छात्रों के हृदय में बसाने वाले
शिक्षक ही होते हैं।

समाज में पीछे रह गये बच्चों को
जब अच्छी शिक्षा मिलेगी
तभी यह समाज और देश
प्रगति के रथ पर चलेगा।
हर चुनौती का सामना कर
भविष्य का भरोसा बन जायेगा।।

मैं मज़दूर हूँ

मैं एक मज़दूर हूँ
श्रम-शक्ति को धार से बहाता हूँ
पत्थर तोड़ता हूँ
खदानों को खोदता हूँ
अंगारों में लोहे को पिघलाता हूँ
भूख की आग को मिटाने
शान्ति से औज़ार उठाता हूँ

श्रम करने उठते हैं यह दो हाथ
तो बन जाता है देश का विकास
फिर भी दो समय की रोटी का हूँ मोहताज
भूखे पेट से ही करता हूँ
जीवन का संघर्ष

कन्धों पर की ज़िम्मेदारी
श्रम-शक्ति से पूरी ना हो
पर मैं पसीने की बूँद बहाता ही हूँ
वर्षों से, सदियों से
मेरा जीवन अभावों से भरा है
मैं कभी लक्ष्य को छू नहीं सका
क्योंकि मैं एक मज़दूर हूँ

हर दिन बढ़ती महँगाई
मेरे श्रम-शक्ति की कमर तोड़ रही है
ना जाने कैसे दिन चल रहे हैं
मज़दूरी के लिए दर-दर भटक रहे हैं
आज मज़दूर का जीवन
त्रासदी बन खड़ा है

तुम देख रहे हो
मज़दूर की अन्तहीन समस्याओं को
जीवन के पथ पर वह कहाँ खड़ा है
समय के निर्माण को वह ललकार रहा है
द्रवित आँखों से बहती नदियों को
झील बनाकर पी रहा है
फिर भी देश के निर्माण में
अपना योगदान दे रहा है

मैं एक मज़दूर हूँ
समय का मजबूर हूँ
सूर्योदय की मुस्कान हूँ
सूर्यास्त की थकान हूँ
अँधेरे जीवन को मिटाने
मैं श्रम के गीत गाता हूँ।

हम मज़दूर हैं

सूर्योदय से पहले उठते हैं हम
शान्ति से औज़ार उठाते हैं
दो वक़्त की रोटी के लिए
मज़दूरी करने निकल जाते हैं

हम पत्थर फोड़ते हैं
महलों का निर्माण करते हैं
खदानों को खोदते हैं
आग की भट्ठियों में लोहे को पिघलाते हैं
भूख की आग मिटाने
जीवन संघर्ष करते हैं

गन्दी गलियों में
झोपड़पट्टियों में
जीते हैं हम लोग
वहीं हमारे बच्चे खेलते हैं
और ख़ुश रहते हैं

हमने कभी माँगा नहीं खेल के मैदान
हमें चन्दन के रथ नहीं चाहिए
चाँदनी का बिछा हुआ
शीतल फ़र्श नहीं चाहिए
हमें सिर्फ़ दो समय की रोटी चाहिए

हम देखते आ रहे हैं
वर्षों से सदियों से
हमारा जीवन कभी खिल उठा नहीं
कभी त्योहारों में उमंग आया नहीं
हम जी रहे हैं अन्तहीन संघर्षों से

तुम हमारे अतीत में जाकर देखो
हमारे पूर्वजों ने कितना संघर्ष किया था
वर्तमान में हम संघर्ष कर रहे हैं
भविष्य भी कोई आशा नहीं रखता
जीवन पगडंडियों के रास्तों पर
ठहरा हुआ है

आज यह समाज दो वर्गों में बँटा है
एक उन्नत वर्ग तो, दूसरा मज़दूर वर्ग
हमने कभी माँगा नहीं
सड़कों पर दौड़ लगाते वाहनों को
हमारे बच्चों के लिए कॉन्वेंट स्कूलों को

जब भी राजनीतिक चेहरे लाल होते हैं
हमारी झुग्गियाँ जल जाती हैं
तुम अमीर बस्तियों में
मन चाहे महलों का निर्माण करते हो
हमारी बस्तियों पर
क्यों आग बरसाते हो

हम दल-दल भटकते हैं
भूख की आग लिए

फटे कपड़ों से
जीवन हमारा संघर्ष करता ही रहा
सदियों से, वर्षों से
दो समय की रोटी के लिए
क्योंकि हम मज़दूर हैं।

मैं हिन्दी हूँ

मैं हिन्दी हूँ
भाषा में लिप्त हूँ
कण-कण में प्रेम भरती हूँ
भावनाओं की नदी को बहाती हूँ
शब्दों के अमृत को पिलाती हूँ

मैं वह भाषा हूँ
कवि के क़लम से
जन-जन की आवाज़ को उठाती हूँ
आज़ादी के अमृत को लेकर
देश भर उत्सव मनाती हूँ

विश्व की तीसरी सबसे अधिक
बोलने वाली भाषा हूँ
मैं देवनागरी लिपि में समायी हूँ
संविधान द्वारा आधिकारिक भाषा हूँ

मुझे राजभाषा, राष्ट्रभाषा का
दर्जा दिया गया है
लेकिन मैं ग़रीब की प्रेम भाषा हूँ
मैं शिक्षक हूँ, छात्रा हूँ
मज़दूर के पसीने की बूँद हूँ
किसान के फ़सल की ढेर हूँ

सवेरे की सूर्य किरण बन निकलती हूँ
उड़ते हुए पंछियों की आवाज़ बनती हूँ
शब्दों की अभिव्यक्ति हूँ
सभी धर्मों की प्रेमी हूँ

अंग्रेज़ों के सामने कभी झुकी नहीं
अंग्रेज़ी के सामने अब मुझे झुका रहे हैं
तुम मेरी सूरत को बदलना चाहते हो
लेकिन तुम मेरी सीरत को नहीं बदलोगे
क्योंकि मैं घर-घर में छायी हुई हूँ

मुझ पर विश्वास रखने वाले
कभी जीवन से वंचित नहीं हुए
मैं समय की चुनौती हूँ
शान्ति की लहर हूँ
मैं हिन्दी हूँ।

हिन्दी हैं हम

हिन्दी हैं हम
हिन्दुस्तानी हैं हम
सभी धर्मों के प्रति प्रेम हैं हम
सभ्यता और संस्कृति से परे हैं हम

हम हिन्दी दिवस को मनाएँगे
राष्ट्रभाषा का सम्मान करेंगे
यह जनमानस की भाषा है
हृदय से सब को जोड़ती है

शब्दों की मधुरता इसमें
नदी की तरह बहती है
मनुष्य के हृदय में
आत्मा का फूल बनती है

जीवन की भाग-दौड़ में
बदल रहे हैं भाषाओं के रास्ते
तुम बदलो सपनों के रास्ते
पर, भाषा के पंख मत काटो
यह माँ जैसी है हिन्दी

इसमें शहीदों की आशा है
आज़ादी की अभिलाषा है

जोड़ती है हर हिन्दुस्तानी को
प्रेम की भाषा बन कर

इसकी लिपि का क्या कहना
शब्दों में निराली है
ऊष्मा की रेशम किरणों से
मधुर संगीत बन जाती है

रिश्तों की दहलीज पर खड़ी है
जन-जन की बोली को
एकता के सूत्र से जोड़ती है
वह प्रेम की पुजारी है

अनेक दृश्यों के बीच
मैं एक दृश्य देख रहा हूँ
ओस के बिन्दुओं की तरह
उसके अक्षरों को स्पर्श कर रहा हूँ

वे अक्षर मेरे ह्रदय में
भावनाओं की लहर बन कर मचल रहे हैं
कवि की प्रेरणा बन कर
आज़ादी के गीत गा रहे हैं

इसे प्रेम से पुकारो
ह्रदय में बाँध लो
यह संवेदनाओं की भाषा है
यह हमारी राष्ट्रभाषा है
प्रेम से कहो, हिन्दी हैं हम
हिन्दुस्तानी हैं हम।

जनमानस की भाषा

तुम पंख मत काटो
उन लहलहाते शब्दों के
तुम अँधेरी गुफा में ना छोड़ो
उन सुनहरे अक्षरों को

देखो आज भोर में खड़ी पृथ्वी
सूर्य की पहली किरण से
कैसे मुस्कुरा रही है
क्योंकि आज 'विश्व हिन्दी दिवस' है

हिन्दी, जनमानस की भाषा है
हृदय से हृदय को जोड़ती है
सभी धर्मों से प्रेम करती है
हिन्दी से हिन्दुस्तानी बन जाती है

इसे राष्ट्रभाषा का सम्मान मिला है
क्षेत्रीय भाषाओं से करती है मित्रता
हमें गर्व है इसकी लिपि पर
हमें गर्व है इसके विश्व की
सर्वाधिक बोली जाने वाली भाषा होने पर

आज अंग्रेज़ी भाषा की दौड़ में
अस्तित्व के 'भास' को खोने लगी

फूलों का रंग अभी फीका नहीं पड़ा
जन-जन के हृदय में भाषा का रंग
फूलों की तरह खिलने लगा

राजनीति के विचित्र भाषणों में
भाषा का ख़ून हो रहा है
तो, उस भाषा को किस नाम से पुकारेंगे ?
बिगड़े हुए मनुष्य की भाषा या
राजनीतिकरण की भाषा ?

भाषा कितने विश्वासों से चलती है
शब्दों में कैसे मधुरता पाती है
मैं लिखता हूँ प्रेम के गीत
भाषा के कैनवस पर खड़ा होकर
मैं पाता हूँ शब्दों के अमृत को
लोकगीतों के दृश्यों से

तुम अँधेरी दीवारों का चीर हरण कर
नयी रोशनी को अपना लो
क्योंकि यह हिन्दी है
हृदय में प्रेम भरकर
धार की तरह बहती है
यह तुम्हारी और मेरी भाषा है
यह जनमानस की भाषा है।

नव वर्ष का नव पथ

जीवन काल का एक वर्ष
आज सन्ध्या में समाप्त हो रहा है
समस्याओं की झील पर
अब अँधेरा छा रहा है
भयंकर त्रासदी की यातनाएँ
स्मृति बिम्ब बन कर ठहर जायेंगी
क्योंकि आज एक नया सूर्य का
उदय हो रहा है

हरी पत्तियों की आँचल पर ठहरे
अनेक ओस के बिन्दु चमक रहे हैं
नव वर्ष के नव पथ पर चलने को
आतृप्त हो रहे हैं
लहलहाते स्वप्न, नये शब्द बन कर
उठ रहे हैं
संगीत में बहती सुनहरी शीतलहर
भोर में आ खड़ी है

चैता के सागर पर खड़े तुम
देख रहे हो नव वर्ष को
समय की किरणें उस पर
गुनगुनाने लगी हैं

पूर्णिमा की चाँदनी उस पर
चमकने लगी है

भले ही तुम लक्ष्य से पीछे ठहरे हो
असन्तुष्ट और निराशा में घिरे हुए हो
कभी भार समझा था जीवन को
घात-प्रतिघात को झेलता तुम्हारा मन
देह और आत्मा के बीच
ख़ामोशी की आँच में जलता रहा

तुम पराजित हुए हो, पर
जीवन से कुंठित नहीं हुए
जब तक तुम अन्तहीन पथ पर चलते रहोगे
तुम्हारा जीवन-लक्ष्य अधूरा ही रहेगा
तुम्हारे विचारों में जब तक उजास ना हो
ढलते सूर्य की तरह तुम्हारा मन
क्षितिजावस्था में ही ठहरेगा

अब नव वर्ष के नव पथ को अपना लो
फिर तुम्हारा जीवन नये आकाश को छू लेगा
नव वर्ष की नयी भोर में
विचारों की झील को ठहराओ
तब तुम सफलता के सूर्य को देखोगे
नये पन्नों पर नये अक्षरों को रचोगे।

नव वर्ष की नयी उम्मीदें

एक युग का अन्त हो चुका है
भयंकर त्रासदी का वर्ष पीछे छूट गया है
नव वर्ष सूरज की पहली किरण
लेकर आ रहा है
रोशनी से धरती को
नयी आशा दिला रहा है
मन में उमंग भरकर प्रेम को जगाने
आश्वासन ले आ रहा है

शीत लहरें अब थम जायेंगी
सूरज की किरणें अब गर्मा जायेंगी
सपनों की चादरें फैल जायेंगी
प्रेम के कोहरे बरसा जायेंगी
क्योंकि मतदान आ रहा है
नव वर्ष की नयी उम्मीदें ले आ रहा है

अब इस नव वर्ष में
नये रंग खुल जायेंगे
जनता की पीठ पर आश्वासनों से भरे
प्रेम की मुद्राएँ लग जायेंगी
वह सुन्दर सपनों की गंगा को
भावनाओं की झील पर बरसाने लगेंगे

क्योंकि मतदान आ रहा है
नव वर्ष की नयी उम्मीदें ले आ रहा है

अब इस नव वर्ष में
उपहारों की माला पहन कर
अनेक राजनीतिक चेहरे
घर-घर पहुँचेंगे, हाथ जोड़ेंगे
प्रेम से कहेंगे, हमें 'वोट' दो
जीवन तुम्हारा सुखमय बनायेंगे

पाँच वर्ष के पुराने चेहरे
इस नव वर्ष में दिखाई देंगे
अब देखो इनके चेहरों को
अब सुनो इनके भाषणों को
फिर नहीं मिलेंगे वे पाँच वर्षों तक

तुम प्रश्नों की परम्परा को आगे ले चलो
वे धीरे से सुनेंगे और
प्रेम से जवाब देंगे
आश्वासनों से तुम्हारी गोद भर देंगे
क्योंकि मतदान आ रहा है
नव वर्ष की नयी उम्मीदें ले आ रहा है।

आज़ादी

मेरे देश की धरती पर
आज तिरंगा लहरा रहा है
उत्साह और उमंग के साथ
फूलों को बरसा रहा है॥

यह सावन का रिमझिम मास
यह बहती हुई नदियाँ
आकाश में पंछियों का कलरव
75वें वर्ष की आज़ादी का
स्वागत कर रहा है॥

प्रकृति भी पूर्ण शृंगार कर
आज़ादी के गीत गा रही है
कोयल के कण्ठ से
माधुरी की स्वर गूँज रही है॥

मैं देख रहा हूँ
आज़ादी के साये में खड़ा होकर
तरंगों से भरे आनन्द के शिखर को
अम्बर से बरसते फूलों की बरसात को॥

मैं देख रहा हूँ नयी भोर को
भोर के समारोह को

स्वतन्त्रता के दिवस पर
कण-कण में देश भक्ति की प्रेरणा को॥

यूँ ही नहीं मिली है आज़ादी
वीरों ने बहाया है अपने ख़ून को
200 वर्षों की लड़ाई में
आज़ादी के लिए मर मिटे हैं
हम उन वीरों को शत-शत नमन करें॥

आज सवेरे का सूर्य
नये रास्ते खोल रहा है
यातनाओं से भरी वेदनाओं को
भुला रहा है॥

आज़ादी का अमृत महोत्सव

यह लहलहाती फ़सलें
बहती हुई नदियाँ
उड़ती हुई पंछियाँ
आज़ादी के अमृत महोत्सव का
स्वागत कर रही हैं

देखो भारत के उज्ज्वल भविष्य को
उसके भीतर कण-कण को
नये विचारों के अमृत से
नये संकल्पों को ले खड़ा है

विश्व के आँचल पर
विकास की रोशनी लिए
आकाश तक ठहरे सपनों को
ऊर्जा के अमृत से साकार कर रहा है

75 वर्ष पूरा कर आज
आज़ादी का तिरंगा
घर घर लहरा रहा है
देश भक्ति की भावना को
हृदय के अन्तर्मन तक ले चला है
स्वतन्त्रता के संग्रामों को
बलिदानों की कहानी को

जयहिन्द के नारों को
हम पहुँचाएँगे
पीढ़ी दर पीढ़ी तक

इतिहास की जीवन्तता पर
हम एक रोशनी डालें
आज़ादी के आन्दोलनों पर
हम एक बार नमन कर लें

1857 में आज़ादी की पहली लड़ाई
देश भर में क्रान्ति को जाग उठाई
अंग्रेज़ों से मुक्ति के लिए
संघर्ष की ज्वाला लिए चले हैं
आज़ादी के वीर हमारे

कभी सर झुका नहीं था
हमारे वीरों का
फाँसी के फन्दों पर लटके हैं पर
जयहिन्द का नारा टूटा नहीं

जलियाँ वाला बाग़ का बलिदान
हमारे कण-कण को जाग उठाया
चन्द्रशेखर आज़ाद, भगत सिंह, राजगुरु
सुखदेव जैसे क्रान्तिकारियों की फाँसी
विद्रोह की ज्वाला बन उठी

लोकमान्य तिलक का पूर्ण स्वराज्य
महात्मा गाँधी जी का सत्याग्रह
नेहरू, अम्बेडकर, मौलाना अबुल कलाम
आज़ाद जैसे नेताओं का आन्दोलनों से

जेल भरने लगे
नेताजी सुभाष चन्द्र बोस के नेतृत्व में
आज़ाद हिन्द फ़ौज का दिल्ली मार्च

जब देश की जनता
क्रान्ति की मशाल ले उठी
अंग्रेज़ो भारत छोड़ो नारों से
मरो या जियो की लड़ाई से
हमें मिली है आज़ादी

15 अगस्त 1947 की भोर में
आज़ादी की किरण देश की धरती पर
छा गयी है लहलहाते तिरंगे के साथ
नमन करें उन वीरों को
एक आँसू छोड़ें उनके बलिदानों पर

यह आज़ादी का अमृत महोत्सव है
भारत का समृद्ध मन्थन है
जन-जन का आत्मनिर्भर है
संविधान की रोशनी में लोकतन्त्र है।

गणतन्त्र दिवस

देखो फिर से गणतन्त्र दिवस आया है
एक नयी भोर खिल उठी है
मन में आशाओं को जगा रही है
सुन्दर सपनों की गंगा को बहा रही है

आओ तिरंगा फहरायें
गणतन्त्र दिवस को मनायें
शहीदों को शत-शत नमन करें
अमर-जवान-ज्योति को मन में बिठायें

इधर महामारी की त्रासदी
फिर उठ खड़ी है
उधर धर्म के नाम पर
नये शब्द उठ खड़े हैं

आज समय भले ही हमें डरा रहा हो
हर चुनौतियों के बीच हम खड़े हैं
शब्दहीन होते चौराहों पर
हम संघर्ष की ज्वाला लिए खड़े हैं

भूख से निकले अनेक गीत
आज भी हम सुन रहे हैं
समय की पगडंडियों पर से
वे चल रहे हैं

संविधान का सूरज निकला है
उसकी रोशनी को हम थाम लेंगे
चिन्ता-दुख और शोक को
समुद्र में बहा देंगे

भविष्य की नयी तरंगें
हमें आशा दिला रही हैं
विज्ञान से भरपूर भारत धरती
मानव मूल्यों को उजागर कर रही है

ज़हरीले विचारों को छोड़कर
आओ गले मिलें
मन में उमंग भरकर
तिरंगा लहरायें

गणतन्त्र दिवस की रोशनी को
विश्व में फैलायें
सुर-में-सुर मिला कर
प्रेम के गीत गायें

कविता दिवस

कविता दिवस को मनाना है, तो
बिठालो मन में उन अक्षरों को
जो कवि के हृदय से निकलते हैं
उन्हें रोकने का प्रयास ना करें

जब फूल खिलना चाहते हैं, तो
वे अनेक उम्मीदों को लेकर खिलते हैं
अपनी सुन्दरता को लेकर
भीतर से निकलने वाली ख़ुशबू को लेकर
जैसे कि कवि की रची हुई कविता की तरह

प्रभात की पहली किरण से
जब चिड़िया चहचहाने लगती है, तो
प्रकृति की सुन्दरता खिल उठती है
उस चिड़िया की चहचहाहट के
मधुर स्वर के आँचल पर से
कविता बहने लगती है

साँझ के समय आकाश
लालिमा को हृदय में छिपाता है
और उस पर प्रेम बरसाता है
इसलिए आकाश पर लालिमा छा जाती है
और वहाँ एक कविता जन्म लेती है

जब झूठ के दरवाज़े खुल जाते हैं
तो सच्चाई का आँगन छोटा हो जाता है
मौन शब्दों की चिंगारी को
कभी तुमने देखा नहीं होगा
दर्पण के आगे जब तुम खड़े रहोगे
तो समाज का हर दृश्य
तुम्हें समस्याओं की गहराई तक पहुँचायेगा
कविता बनकर बहने लगेगा

अब तुम एक क़लम बनकर
सागर के तट पर खड़े रहो
भयंकर युद्ध के दृश्यों को
आँखों में भर लो आँसुओं के साथ
जब वे अक्षर कविता बन जाते हैं तो
सागर की लहरें रो पड़ती हैं

कविता प्रेम की पिपासी है
मनुष्य के हृदय में अक्षर बनकर
प्रेम से बहती है
तुम उस कविता के अक्षरों को पढ़ लेना
जीवन के दर्पण में
मानव मूल्यों को धार से बहाना।

एक कविता

एक कविता मैंने पढ़ी थी
उसके अक्षरों को मैंने परखा था
शब्दों की आवाज़ सुनी थी
उन शब्दों में अनेक चल-चित्र
भाषा की पंखुड़ियों पर उड़ रहे थे

कविता मेरे मन-मस्तिष्क पर
एक छाया बन कर खड़ी है
मैं उसकी छाया के भीतर से
अनेक भावनाओं को देख रहा हूँ
वे कैसे मचलने लगे हैं
सपनों को उजागर करने लगे हैं

जब सामाजिक विचारों में
अँधेरा छा जाता है
तब कविता वहाँ प्रकाश की किरण
बनकर खड़ी होती है
समाज को उसकी रोशनी का उपयोग
अपने हृदय से करना चाहिए

क्योंकि कविता भाषाओं की परम्परा पर
अपनी दहलीज बनाई हुई है

वह मनुष्य की भाषा के साथ-साथ
प्रकृति की भाषा भी जानती है

कौन कहते हैं
उसके भीतर ज्वाला नहीं है ?
कौन कहते हैं
उसमें प्रेम नहीं है ?
उसके भीतर शब्दों की ज्वाला है
उसके भीतर प्रेम के अक्षर हैं

देखो कविता प्रेम के मोगरे बन
कैसे मुस्कुराती है
वह समाज के हक़ के लिए
कैसे लड़ती है
बस तुम उसे पहचान कर चलो
कभी उसमें अहं की दीवार नहीं बनी
वह मनुष्यों के बीच बनी दीवारों को
प्रेम से मुक्त करना चाहती है।

मित्र

समय चुपचाप अपना
कर्तव्य निभा रहा था
मैंने मित्रता का हाथ बढ़ाया
वह उछलता-कूदता मेरे सपने में आया
धीरे-धीरे मैं उसके समीप होता चला गया

मैं भोर में खड़ा
एक अनूठे दृश्य को देख रहा हूँ
सूर्य की पहली किरण का स्पर्श
मेरे हृदय को छू रहा है
मैंने देखा वह मेरा मित्र ही था

मित्र से मिलने को
मेरा मन जब चाहता है
तब मैं अतीत की उन यादों में
खो जाता हूँ, अपने आप को
भूल जाता हूँ

बिखर नहीं जाते मित्रों के
वह मीठे शब्द
जीवन के अनेक रास्तों पर
ठहर जाते हैं, बार-बार पुकार उठते हैं
हर समय यादों को ताज़ा करते हैं

वह मित्र है जो समय की पगडंडी पर
निःस्वार्थ हो खड़ा है
पल-पल मेरे लिए एक
उमंग की रोशनी लिए खड़ा है

जीवन के पथ पर
मेरे मित्रों के रास्ते बदल गये हैं
पर, हृदय के पथ पर
प्रेम बन कर खड़े हो गये हैं

मित्र कभी बदलेगा नहीं
ना मन से, ना विश्वास से
वह विश्वास की परतों पर
दीये जलाते खड़े रहेगा
वर्षों तक, सदियों तक।

मित्र तुम्हारे आँसू

मित्र, मैं तुम्हें एक चिट्ठी लिख रहा हूँ
ध्यान से पढ़ लेना और
प्रेम से स्वीकारना
जब मेरा तुम्हारे शहर से
स्थानान्तरण हो रहा था
तब मैंने तुम्हारी आँखों में देखा है
विदाई के उन आँसुओं की धारा को

मित्र, तुम मुझसे कितना प्यार करते हो
अपनों से भी ज़्यादा मुझे चाहते हो
आकाश से अमृत बहाते हो
प्रेम से भरे शब्दों की लहर से

यह कैसी परीक्षा थी मेरी
कैसे आदरणीय भाव थे तुम्हारे
जब मैंने पहली बार तुम्हारे शहर में
क़दम रखा था
तब तुम्हारा परिचय हुआ था
एक अजनबी की तरह

मित्र, तुमने मुझे एक नये शहर में
एक नयी साँस दी थी

वह प्रेम से भरी थी
मेरी तन्हाई को तुमने दूर किया

मित्र, तुमने ऐसे मित्रों के साथ
मेरा परिचय करवाया था
उन्हें कभी मैं भुला नहीं सका
वे भी मेरे हित के विचारक थे
वरना मैं अकेला ठहर जाता
उस नये शहर में

मानव का हृदय कितना विशाल होता है
तुम्हारी मित्रता से ही मैं पहचान पाया हूँ
आज मैं समाज के भीतर रहकर
मनुष्यों की भावनाओं को देख रहा हूँ
वे रिश्तों की चादर ओढ़कर भी
छल-कपट और द्वेष की
भावना में जल रहे हैं

मित्र, आज मानव अपनों से भी उन्नत
अपना ही स्वार्थ देखता है
पैसों के लिए वह रिश्तों को
कचरे के डिब्बे में डालता है
स्वार्थों से भरे समाज में
मानवता कहीं गुम हो गयी है

मित्र, तुम्हारी मित्रता
आज भी मेरे हृदय में
सपनों का सागर बन बैठी है
तुम न होते तो वह तीन वर्ष कैसे बीतते

जो मैं हज़ार मील पार कर आया था
मुझे पता ही नहीं चला कि
तुम्हारे शहर में मेरे तीन वर्ष
कैसे बीत गये हैं

आज मेरा हृदय तुम्हारे और
उन साथियों की याद में
अनेक आँसू बहाता है और
प्रेम के अविरल प्रवाह को याद कर
इतिहास बन जाता है

मित्र, विदाई के वे आँसू
आज भी मेरे हृदय के बग़ीचे में
फूल बन कर ठहरे हैं
कभी-कभी उन बग़ीचों से गुज़रता हूँ
तो फूलों की सुगन्ध आती है
जो कभी तुम्हारे आँसू थे।

शब्द

मनुष्य के जीवन में जो शब्द
आत्मीय अभिमान से उठते हैं
वे प्रेम की ज्वाला में बहते हैं
जीवन की आस्था पर ठहर जाते हैं
कवि की क़लम से भाषा की
अविरल धारा बन जाते हैं

शब्द कथ्य भी और मर्म भी
भाषा का प्रबल दृश्य भी
जिसके जीवन में शब्द नहीं होते
उसका जीवन लक्ष्य को साधने में
विफल होता है
जिन शब्दों में ज्वाला ना हो
वे शब्द विलाप हो जाते हैं
क्योंकि उन्हें रचने वाला
हृदयहीन होता है

उपद्रवियों की भाषा है झूठ
लक्ष्य की साधने में
झूठे शब्दों का प्रयोग
प्रबल मानव की आत्मा को भी
प्रपात की तरह गिरा देता है

निस्संकोच वे भीतर से
खोखला ही बने रहते हैं

आत्मनिर्भरता की चोटी पर
जो शब्द खड़े होते हैं
वे जीवन-प्रवाह में फूलों की तरह
खिल उठते हैं
सच्चाई से भरे वे शब्द
पूर्णिमा की चाँदनी सा चमकते हैं

जो शब्द राजनीतिक क़लम से निकलते हैं
वे तो रूपहीन होते हैं
उनमें कोई उजास नहीं होगा
क्योंकि वे झूठ की भाषा अपनाते हैं

जो शब्द सच्चाई की क़लम से
धार बनकर निकलते हैं
वे शोषित पीड़ितों के पक्षधर होते हैं
और जीवन को माधुर्य बनाने में
संघर्षरत होते हैं।

पुस्तक

जीवन की भाग-दौड़ में
तुम अकेले हो गये हो
वस्तु संस्कृति के इस समाज में
मित्रों से दूर हो गये हो

तुम एक पुस्तक को अपना लो
उसे हृदय से जोड़ लो
वह तुम्हारा साथी ही नहीं
अन्तर्मन से जुड़ा एक सच्चा मित्र बनेगा

सुनो पुस्तक कुछ कह रहे हैं
वे तुम्हारे साथ जीना चाहते हैं
जब तुम पुस्तक खोलोगे
अक्षरों की नदी बहने लगेगी तुम्हारी ओर
उन अक्षरों को हृदय के बग़ीचे में शरण दो
फूलों की तरह शब्द खिल उठेंगे

तुम उन पुस्तकों में से अक्षरों को
अपनी अंजुरी में भर-भर कर
सवेरे के सूर्य किरणों में बहा दो
और देखो समाज के भीतर
एक नयी ज्ञान की रोशनी फैल जायेगी
हर कोई उस ज्ञान को प्राप्त कर

नये आकाश को रचेगा
जीवन उसका धन्य हो जायेगा

देखो वह पुस्तक पढ़ रहा है
ज्ञान को अपना रहा है
जीवन को सँभाल रहा है
भूख को भगा रहा है
पुस्तक के भीतर एक अद्भुत
दुनिया को देख रहा है
सागर भी उसे पहचानने लगे हैं
प्रकृति भी उसे देख मुस्कुराने लगी है

जब हम पुस्तक पढ़ते हैं तो
हृदय से आँसू भी बहते हैं
सपने भी मुस्कुराते हैं
नये अवकाश प्राप्त होते हैं
क्योंकि पुस्तक ज्ञान का भंडार है
आस्था का प्रमाण-पत्र है।

पुस्तक मेला

मैं देख रहा हूँ पुस्तक मेले की ओर
मैं चल पड़ा हूँ अक्षरों के सागर में
जहाँ हज़ारों पुस्तकों का मेला
अनेक स्टालों में दर्शन दे रहा है

मैं पहुँचा हूँ स्टाल के निकट
तब देखता हूँ एक-एक स्टाल की ओर
खुले आकाश में सितारों की तरह
उसमें पुस्तकें चमक रही हैं
उन पुस्तकों में से
शब्दों का सैलाब उठ रहा है

पाठक अपने सपनों को लेकर
ज्ञान-विज्ञान के उस मैदान में
भाषाओं से भरपूर स्टालों में
विचारों के आदान-प्रदान में
वे उमड़ गये हैं प्रेम भरी दृष्टि से

इस मेले में लेखक-पाठक और
प्रकाशक का संयोग रहा
अक्षरों के उत्सव का चहल-पहल रहा

ज्ञान-विज्ञान से भरपूर कृतियाँ
सन्नाटे को छेदने लगीं
सम्भावित विषयों पर चर्चा होने लगी

समय की पुकार यह कहती है कि
तुम पुस्तकों के भीतर से
ज्ञान की रोशनी को पा लो और
अज्ञान के अँधेरे को मिटा दो
उन अक्षरों को श्वासों में भर लो
मन के भीतर की क्रान्ति को जगा दो

यह पुस्तक मेला तुम्हारे जीवन में
उम्मीद की किरण बन जाता है
अँधेरे रास्तों को रोशनी से भर देता है
बाज़ारवाद के स्वार्थ सपनों से
आगाह कर तुम्हारे विचारों में
पारदर्शिता ले आता है।

समय

प्रात:काल की अरुणाई में देखो
समय कितना प्यारा लगता है
रात की वह नशीली निद्रा में देखो
समय सपनों को सहजता से दिखाता है
नीड़ों से झाँकते बच्चों में देखो
मासूमियत का समय झलकता है

आज पृथ्वी चलती है समय के साथ
पृथ्वी पर उगते हैं पेड़-पौधे
और मौसम बदलते हैं समय के साथ
यह झरने, यह नदी का पानी
समय को अपने भीतर
एक आत्मा जैसा पाते हैं

समय एक सृष्टि है
समय प्रकृति की जीवन्तता है
यह कभी रुकने वाला नहीं
चाहे धरती फटे या सुनामी आये
चलना ही इसका प्रमुख कर्तव्य है

पौधों पर फूल खिलते हैं
और मुरझा भी जाते हैं

उसकी पत्तियाँ अनेक दिशाओं में
बह भी जाती हैं
लेकिन समय उसकी खुशबू को
मनुष्य के हृदय में ठहराता है

सवेरे की मुस्कुराहटें
प्रभात किरणों में विलीन होती हैं
तब समय भविष्य का अक्षर बनता है
हम शब्दों में समय को समेटते हैं
तो वह हमारी भावनाओं को
उजास देता है

जब-जब मनुष्य की कठिन घड़ी चलती है
तब समय हमारी परीक्षा लेता है
अंकुश के तालों को खोलने
जीवन अग्नि रेखाओं पर से चलता है
समय एक शक्तिशाली साधन है
उसके चलते हम अनेक घावों को भूल जाते हैं

हृदय की घड़ी रुक सकती है
पर समय की घड़ी कभी नहीं रुकेगी
वह धार की तरह बहती है
हम उसमें पंछी की तरह उड़ते हैं
समय के सामने सब कुछ झुक जाते हैं
चाहे मनुष्य कितना अहंकारी हो

लक्ष्य को पाना है तो
समय को भीतर से अपनाना है

ना थका, ना हारा सूरज
समय से चलता है
हम आज भी अँधेरे में भटकते हैं
स्वार्थ की तलवार लेकर

बीता हुआ कल अतीत हो जायेगा
कल आने वाला भविष्य किसी ने देखा नहीं
आज का वर्तमान ही तुम्हारा जीवन है
हर पल को स्वादिष्ट बना लो
यह समय एक काल चक्र है
उस चक्र में हम सब मुसाफ़िर हैं।

समय के पथ पर

बीत जा रहा है हर पल
समय के पथ पर से
मैं चल रहा हूँ पल-पल
वर्तमान के अक्स पर से

मेरी भविष्य की रेखाएँ
कुछ कहती हैं मुझसे
निराशा के जीवन में
आशा की उपज बन जाती हैं

मेरे शब्दों का संगीत
आकाश में लहराने लगा है
समय की भाषा बनकर
पक्षियों में चहचहाने लगा है

मेरी क़लम से निकलते हैं
हर समय नये-नये शब्द
पल-पल मैं उन शब्दों में
एक सुन्दर-से समाज को देखना चाहता हूँ

चाहता हूँ मैं शब्दों के संसार में
मैं भी कुछ शब्द बन जाऊँ

फिर समय के पथ पर
प्रेम की धारा बन जाऊँ

मैं चिरन्तन की ख़ुशबू को
आधुनिक फूलों में ठहराना चाहता हूँ
समय के आगे चलते हुए
मैं अपने पथ को, बन्धनों में बाँधना चाहता हूँ

मनुष्य हटते हैं अपने पथ पर से
राजनीतिक पंखों में बैठकर
सत्ता की खोज में निकल पड़ते हैं
झूठे शब्दों का चोला पहनकर

सूरज से निकले किरण
किसी को नैवेद्य नहीं चढ़ायेंगे
वह भीतर से अग्नि को लेकर
भूख की गलियारों में ठहर जायेंगे

मैं समय के पथ पर चलता हूँ
पल-पल डरता हूँ कि
यह वर्तमान की अग्नि
मेरे भविष्य को जला ना डाले
मैं निरन्तर भाव-विभोर होता हूँ।

समय का सूरज

मन टूट गया
मौन भी टूट गया
अब शब्दों में ज्वाला है
उस ज्वाला में वेदना है

पिंजरे में बन्द पक्षी
आज़ादी माँग रहा है
बिखरे हुए सपनों को
फिर वह इकट्ठा करना चाहता है

रोकना है तो तुम रोक सकते हो
पंख काटने में तुम माहिर हो
द्वार पर खड़े हथियार हो
क्योंकि तुम्हारे हाथ में हथकंडे हैं

आज भोर में
एक नये सूरज को उगते देख रहा हूँ
वह समय के साथ
ज्वाला बनते देख रहा हूँ

तुम देखो रात के अँधेरे को
वह कैसे युद्ध के गीत गा रहा है
हथेलियों में मशालें पकड़
पल-पल आगे चल रहा है

समय की दीवारों में
नया संघर्ष उठ खड़ा है
अब वे नहीं चाहते
लुटेरों के हाथ में दीए जलना

तुम दबोचना चाहते हो तो
उनके अस्तित्व को दबोच सकते हो
उनकी भूख को दबोच सकते हो
क्योंकि तुम्हारे पास अंकुश की लाठी है

लेकिन भीतर से
समय का सूरज निकल पड़ा है
वह धीरे-धीरे बढ़ रहा है
उसकी आँखों में ज्वाला के गीत हैं।

किसान

वे सागर को मथने के लिए
संघर्षरत नहीं हुए
वे आत्मा का वसन्तोत्सव मनाने
संघर्षरत नहीं हुए
वे तो अपनी मिट्टी के अधिकार को
बचाने संघर्षरत हुए हैं
क्योंकि उनकी मिट्टी के अधिकार पर
बर्बरता के फूल चढ़ा दिये गये हैं

वे किसान भाई हैं
करोड़ों जनता के अन्नदाता हैं
वे मिट्टी में श्वासें लेते हैं
और मिट्टी में ही श्वासें छोड़ते हैं
किंचित स्वार्थ नहीं जागता, उनके हृदय में
वे पारदर्शी जीवन जीते हैं

उनका जीवन अनेक त्रासदी से गुज़रता
कभी तूफ़ानी रातें, तो कभी सूखाग्रस्त
जीवन में कभी वसन्त दिखा ही नहीं
सफलता का सूर्य प्रवेश हुआ ही नहीं
भविष्य की आशा भस्म होती रही
जीवन भर सूर्योदय की प्रतीक्षा रही
फिर भी उनके चेहरे मुस्कुराते रहे

आज वे निकल पड़े हैं, खेती से
सड़कों पर आन्दोलनरत
शीत लहर में संघर्ष करते
क्योंकि उनके विपरीत
एक नयी धारा बनी है
न्यूनतम समर्थन मूल्य की
अवहेलना बनी है

वे चाहते हैं कि
बनाये क़ानून को पूरी तरह वापस लें
इस क़ानून से वे निराश हुए
बच्चे से लेकर बूढ़े तक
आन्दोलन का रास्ता अपनाये

वे शपथ लिए हुए हैं, कि
हम कफ़न बाँधकर जा रहे हैं
लौट आयें तो अच्छा है
नहीं तो, अपने खेतों की मिट्टी बन जायेंगे
पर, हमारा अधिकार छूने नहीं देंगे
मिट्टी से है हमारा जीवन
इसे टूटने नहीं देंगे।

हृदय में मशाल

शीत लहर के कहर में
वे बैठे हैं उम्मीद बनाये हुए
प्रकृति का प्रकोप है
घने कोहरे हैं
फिर भी वे अपने जीवन पर
छाये हुए बादलों को
शान्ति से हटाना चाहते हैं

उन पर त्रासदी बन बैठा है
काले फरमानों का जंजाल
कहीं उनका जीवन क्रम टूट न जाये
वे आर-पार की लड़ाई को थामे हैं
क्योंकि उनके सपनों के मेघ
पिघलने को रास्ते बन चुके हैं

वर्तमान की ख़ुशबू छूटने को
आतुर हो रही है
ना जाने वे कैसे-कैसे लोग
अधिकार जमाते हैं
कोयले की खान में
सपनों के जीवन को ढकेलते हैं

काश तुम इस पर एक पुस्तक बन जाते
तो अनेक पृष्ठ तुम्हारे हृदय के
गहराइयों में जाग उठते
अक्षरों की दिशा को पता लगाते
कि वे कितने क्षोभित हैं

समय के घावों को देखते हुए
वे चुप्पी बनाये हुए हैं
कुंठाओं से भरा शासन
उनके गले का फन्दा बन चुका है

जिस दिन चुप्पी टूट जायेगी
तब आग की लहर बन निकलेगी
चाह कर भी उसके रास्ते रोकना
अग्नि कणों से खेलना ही होगा
क्योंकि वे मशाल को
हृदय में बसाये हुए किसान हैं।

एक नयी आवाज़

मैंने वह आवाज़ सुनी थी
जिस में एक रुदन था
वेदनाओं से भरा स्वर था
समय के साथ वह आवाज़ बदलने लगी
कभी मौन होती और कभी
हवा के लहरों में लहराती
फिर मेरी ओर आ खड़ी होती

मैं उस लहराती हवाओं में से
आवाज़ के माध्यम को परखा
उसके भीतर गहरी भावनाओं को देखा
जैसे गहरे बादलों के बीच से
एक गरजती हुई बिजली की आवाज़
निकलती है

यह आवाज़ जब मेरे मन को छूती है
तब मेरा हृदय आहट हो
नये विचारों की शृंखला को
सूर्य की पहली किरण से
उजागर करता है

उस आवाज़ में जीवन के
अनेक पहलुओं को देख रहा हूँ

जिसमें धरती के श्वासें बाँधे हुए हैं
जैसे किसी की भूख की पीड़ा
युवाओं में बेरोज़गारी की आहट
मैं सुन रहा हूँ जीवन की अनेक धारणाओं को

कहीं से मुझे ऐसी आवाज़
सुनाई दे रही है, उसमें
आत्महत्या करते बेबस, लाचार मनुष्यों की
किसी की आबरू लुट जाने की
त्रासदी में ठहरी अनेक क़िस्म की
आवाज़ें मैं सुन रहा हूँ
भीतर से भाव विभोर हो रहा हूँ

मैं देख रहा हूँ कि
सन्ध्या की लाल रोशनी को
सूरज डूबते हुए भी कुछ समय तक
अपनी परछाईं को छोड़ जाता है
फिर सवेरे ही दर्शन देता है

उसी तरह धरती पर
हर आवाज़ अपने में खोजा कर
रात के अँधेरे में ठहर जाती है
फिर सवेरे ही एक नयी आवाज़ बनकर
उभर जाती है, वेदनाओं की आहट से।

एक नया समाज

जब मनुष्य को अटूट पर्वत बना दे
कुछ समय के लिए
वह अपनी इच्छा-शक्ति का
प्रयोग करता है
उसके विपरीत मनुष्यों पर

कुछ दृश्य देखने में
सुन्दर दिखाई देते हैं
परन्तु वे दृश्य समीप से
उतने सुन्दर नहीं होते
क्योंकि देखने वालों की मानसिकता
उस दृश्य को स्वीकार करने की होती है

मनुष्य की विचारधारा में
लोभ-क्रोध का प्रवेश होना
उसके जीवन मूल्यों को
भ्रष्ट बनाने में सतर्क होता है
निश्चित रूप से वह
उपद्रवियों की भाषा में बोलने लगता है

किसी की अभिव्यक्ति
उसकी अपनी विचारधारा है

उसे समझने के लिए
हृदय में प्रेम भावना चाहिए
बलप्रयोग से कुचलना
हीन भावनाओं को उत्पन्न करता है

बहती नदी देती है अपार ज्ञान को
उसके बहने से एक विशाल धरती
हरे पेड़-पौधों से जीवित रहती है
वहीं मनुष्य अपनी भावनाओं में
प्रेम भर देगा, तो एक नया समाज
सवेरे की सूर्य किरणों की तरह उगेगा।

एक नया आकाश

आँखों में नींद लिए
सपनों की दुनिया को नापते हो
लगता है तुम कितने अन्जान बन
असफलताओं के चट्टान बनाये हो

जब तुम्हारी नींद उड़ जायेगी
तब तुम्हें पता चलेगा कि
इस आधुनिक काल की सीमा पर
कितना समय खोए हुए हो

आज एक नया आकाश
अपने पंखों में बादलों को छुपा कर
नयी संस्कृति को प्रतिष्ठित कर रहा है
तुम उस संस्कृति को मौन स्वीकृति देकर
नयी भावनाओं को जन्म दे रहे हो

काल-मेघ तुम्हारे जीवन को
सुन्दर बनाने की होड़ में
नये वस्त्र को पहना रही है
तुम समझ रहे हो कि
यही आधुनिक संस्कृति है

असभ्य-अपसंस्कृति के बादल
उफान नदियों की तरह
परम्परागत संस्कृति-सभ्यता को
बाढ़ से कुचल रही है
फिर भी तुम मौन मुद्रा में बैठे हो

आज अपनी जीवन-शैली को
उस नयी संस्कृति-सभ्यता में बदल कर
विश्व-संस्कृति का आँचल पकड़ा है
वह वैश्वीकरण के वस्तु समाज से जुड़ा हुआ
एक नया आकाश है
तुम्हें ले चलेगा एकान्त में
सम्बन्धों को भूस्थापित कर।

नया सपना

आज मेरे ह्रदय में
एक नया सपना जन्म लिया
जैसे कि हर आदमी में
जन्म लेते हैं नये-नये सपने
उन सपनों में उम्मीद के फूल
खिल उठते हैं भरोसे के साथ

मेरा सपना जब दर्पण के सामने
खड़ा होकर अपनी पारदर्शिता को
प्रदर्शन करता है
जैसे ऊषोदय के सूर्य किरण
धरती पर पसर जाते हुए
अपनी पारदर्शिता को प्रदर्शन करते हैं

मेरा सपना अक्षरों की माला पहनकर
शब्दों के अक्स पर खड़ा होता है
तब विशाल भावनाओं से भरा एक आकाश
मेरे सपनों को उजागर कर
प्रताड़ित होने से रोकता है

मेरा सपना समय के चक्र पर
संवेदन का सागर बनता है
तब मैं उसे भावनाओं से भरी

भाषा की चादर पहनाता हूँ
क्योंकि भाषा ही सपनों की आत्मा है
फिर मैं एक नये सपने को
जन्म देता हूँ समय-समय पर।

अन्तिम सपना

भावनाओं की नदी में
तुम कब तक नाव चलाओगे
सन्ध्या का अन्तिम दर्शन
हर जीवन के साथ रहेगा ही
तुम्हारा जीवन कोई अलग नहीं कि
इसके विपरीत चलते रहेगा

निरन्तर चलने वाला सूर्य भी
सन्ध्या में डूबता है
फिर दूसरे दिन सवेरे ही
नयी किरणों के साथ जन्म लेता है
क्योंकि वह प्रकृति की एक परम्परा है
उसका पालन वह स्वच्छ मन से करता है

मनुष्य में अहंकार की भावना
उसके शब्दों में प्रतीत होती है
शब्दों की कड़वाहट
सम्बन्धों की चादर को काटने में
सफल होती है
सदियों की परम्परा चाहे
मिट्टी में क्यों न मिल जाये
लेकिन वे कभी चिन्तित नहीं होंगे

मन के भीतर विष को ले चलने वाले
छल-कपट की नीति अपनाते हैं
झूठ उनका अस्त्र रहेगा
उनकी मुस्कुराहटें प्लास्टिक फूलों की तरह
चमकने लगेंगी।

महामानव बनने का सपना
उन्हीं में निरन्तर जागता रहेगा
वे चमन के फूलों में
एक ही रंग देखना चाहते हैं
अपने विचारों को
ठाठ से लागू करना चाहते हैं

वे कथनी और करनी के बीच के
अन्तर को जानना नहीं चाहते
अपने विष भरे विचारों की नदी को
मनुष्य की भावनाओं में बहाकर
नया इतिहास रचना चाहते हैं

वे नहीं जानते कि
बीता हुआ समय एक इतिहास है
वे तो इतिहास को ही बदलना चाहते हैं
क्योंकि उनके रास्ते में
वह रोड़े बन खड़ा है

तुम जानते हुए भी
वस्त्र बदल रहे हो
वस्त्र का बदलना तुम्हारा
अन्तिम सपना है

चाहे जितने भी फूल मुरझाये
पर, अपने बग़ीचे को ठेस
नहीं पहुँचाना चाहते हो।

क्वार की धूप

तुम अपने विचारों को लेकर
भ्रमजाल में डूबो मत
उसे अग्नि-परीक्षा दो
नये शब्द उत्पन्न होते हैं
भाद्रपद और कार्तिक के बीच
उस 'क्वार की धूप' से
अपने विचारों को ऊष्मा दो
तुम्हारे विचारों में सूर्य किरण ठहर जाते हैं

मैंने देखा राजनीतिक चेहरों को
वे अपने समय पर ही दिखाई देते हैं
जैसे 'क्वार की धूप' की तरह
मतदान के समय ही अपने विचारों को
अपनी भावनाओं को जनता के आगे
मीठे शब्दों में परोसते हैं
फिर वे शीत में चले जाते हैं

तुम नये चेहरों को पहचानो
वे 'क्वार की धूप' की तरह
कुछ समय तक भ्रम में डुबो रखते हैं
जब शीत ऋतु का प्रवेश होता है, तो
'क्वार की धूप' कहीं दिखाई देगी नहीं

भ्रम में रखने वालों का इतिहास
अधूरा ही रह जायेगा

अब ऋतुएँ बदलने लगीं
भावनाओं में उत्तेजना के फूल खिलने लगे
स्वार्थ सातों सागर पार कर
अनचाहे फूलों की माला पहन रहा है
भूगोल अपने लक्ष्य से हटकर
नये इतिहास को रचने लगा है

तुम अपने विश्वास क्रम को न तोड़ो
उसे भावसागर पर खड़ा करो
क्योंकि विश्वास ही एकमात्र खड्ग है
जो समाज में सच्चाई को जीवित रखता है
'क्वार की धूप' तुम्हारे अनेक प्रश्नों का
समाधान बनती है, बदले हुए
विचारों के अक्स पर।

स्त्रोत

जंगल जल नहीं रहा
वहाँ सिर्फ़ सूरज जल रहा है
एक चिड़िया चहचहाती है
सूखे पेड़ पर बैठकर
वह पेड़ आधा जला हुआ अधनंगा है
अब चिड़िया की आँखों में
कोई आँसू नहीं बहेंगे
क्योंकि उसके साथी जल चुके हैं
अब कोई उसके आँसू नहीं पोंछेंगे

जंगल से मनुष्य को
इतनी नफ़रत हो गयी है कि
उसका विकास रुक गया है
लेकिन वह जंगल जला नहीं रहा
जंगल तो जल रहे हैं उसकी
मनोकांक्षाओं के अनुसार
क्योंकि वह सत्ता का भागीदार है

आज मेरा एक बाल्य मित्र
मुझसे मिलकर कहने लगा
'देखो मेरे भाई, शहर कैसे दौड़कर
आ रहा है मेरे गाँव की ओर'

मैंने कहा, 'नहीं मेरे भाई
तुम्हारा गाँव ही शहर की ओर
दौड़ रहा है'
वह अचम्भे से मेरी ओर देखने लगा
उसके भोलेपन को देख
मुझे हँसी आने लगी

सच्चाई समझनी होगी
सत्ता में बैठे लोग
विकास के नाम पर गाँवों को
शहर में मिला रहे हैं
इसमें उनका स्वार्थ ज़मीन का है
हरे-भरे खेतों को व्यापार में बदलने का है
किसानों को गुमराह कर
कम दाम में ज़मीन को हड़पने का है
जिसमें उनका मालामाल बनने का
स्रोत छुपा है।

मेरा भ्रम

मैं भ्रम में डूबा हूँ
कुछ राजनीतिक चेहरों को देख
वे एक पटरी से दूसरी पटरी पर
चले जाते हैं गले में कंडुआ बदल कर
क्या..., उनकी भावनाएँ भी बदलते हैं...?

वादों के फूल बरसाने वाले
वे राजनीतिक चेहरे
सत्ता पाते ही मुखर हो जाते हैं
क्या उनमें नैतिकता का सूर्य
फीका पड़ा है...?

जो शब्दों को मोती बनाकर
राजनीतिक भाषण देने वाले
फिर जनता के सपनों को
कैसे हवा में उड़ाने लगे
हर किसी को भ्रम में रख कर
वे नैतिकता के गीत गाते हैं

मैंने अरावली पहाड़ियों के बीच
उगने वाले लाल सूर्य को देखा
फिर मैंने समझा के...,यह फटने वाला है
पर, वह तो मेरा भ्रम है

चुनाव की दहलीज पर खड़े नेता
प्रसव की वेदना के आँसू बहाते हैं
उन्हें देख तड़प जाते हैं
हमारे कोमल हृदय
फिर मतों से उनके गोद, इस तरह भर देते हैं
जैसे कि आकाश से बिजलियों की
बरसात होती है

फिर एक बार हम लोग
भ्रम के सागर में डूब जाते हैं
हमारे सपनों को लेकर...
भावनाओं को लेकर।

आत्मा-द्रष्टा

अन्ततः तुम्हें चुप हो जाने की
कवायद बनी है बेरहमी से
आकाश को निचोड़ने के साधन
अब प्रयोगशाला से बाहर निकलने लगे

जंगलों की आग
विपत्ति की आग है या
सोची-समझी साज़िश ?
हर किसी को जानने के लिए
प्रश्न तो खड़े ही हैं

ऐसा भी मानव-दर्पण में
अनेक समाधानों को
खोज लिया जा सकता है
क्योंकि युद्धस्तर से बढ़ती जा रही
व्यापार की नीति खड़ी है

'वैरस' का पुनर्जन्म होना, या
नवीन आकृति की खोज
यह तो मानव मस्तिष्क से
निकला हुआ एक नया हथियार ही है
जिसके प्रभाव से अब मानव
चिकित्सा का उपभोक्ता बन गया है

विश्व का बढ़ता व्यापार
नष्ट होने वाली दीवार नहीं
वह तो लाभांश से जुड़ी
व्यापारी की आत्मा है

इस क्षेत्र में चाहे प्रकृति
अपना अस्तित्व खोती जाये
निर्भीक मानव अपना विचार
बदलने की कवायद रखता ही नहीं

बदलते मौसम के समय को लेकर
विनाश की सूचना मिल रही है
बढ़ती सूर्य की अग्नि के प्रकोप से
धरती का जलना सुनिश्चित है
ऐसे में अब हर कोई
'आत्मा-द्रष्टा' बन चुका है।

ज्वाला

छीनी गयी हैं मेरी स्मृतियाँ
भीतर की ज्वाला
आँखों में ठहरे सपने
और मेरा आकाश

मेरे शब्दों को
एक काली कोठरी में बन्द कर
अछूत के परदों से ढाँप कर
समृद्ध आकाश बनना चाहते हो

अब तुम्हारे विचार
किस मोड़ पर बैठे हैं
जहाँ पाप की परिभाषा
अन्तिम किरणों को देख रही है

समय निश्चित है, कि
प्रभात क्षेत्र में तुम हार न मानो
पर, अभिशप्त की ज्वाला
तुम्हारे विचारों पर
विकार सिद्ध हो जायेगी

सूर्य अपने समय पर ही उगेगा
तुम्हारे बनाये हुए अँधेरे
उसकी रोशनी में भस्म हो जायेंगे
चाहे वह रोशनी भीतर से निकली हुई
'ज्वाला' क्यों न हो।

मेरे धरती के फूल

मेरे धरती के फूल
अग्रज बीज से अंकुर बन फूटते हैं
पौधा बन खिल उठते हैं

जब मेरी श्वासें धड़कती हैं
मैं उसमें अनेक
प्रतिक्रियाओं को देखता हूँ
यह जीवन सत्य की शिला पर
खड़ा होता, फिर भ्रम के
भयानक त्रासदी से गुज़रता

मैं सवेरे के सूर्य को देखता हूँ
तब उसमें से ठंडी किरणें
धरती पर पसर जाती हैं
फिर वही धीरे-धीरे
भभकती आग बन कर
टूट पड़ती है
मनुष्य-मनुष्य के बीच
भावनाएँ इसी तरह बदलती हैं

राजनीति में विश्वास के पेड़
होते ही नहीं तो फूल
मुरझाते हैं कहाँ से

उनके पेड़ों पर
प्लास्टिक के फूल ही खिलते हैं
उनमें से कभी महक ही नहीं निकलती
क्योंकि वे व्यापारी हैं

विश्व व्यापार की तरह
मनुष्य का हृदय भी
एक वस्तु में बदलता
वसन्तोत्सव की भाँति में

चीज़ों का बदलना एक सच है
तो वहीं धरती पर फूलों का बदलना भी
उतना ही सच है

अब मेरे धरती के फूल
नयी आकृतियों में बदल रहे हैं
जैसे मनुष्य के हृदय
प्लास्टिक की भाँति में चल रहे हैं।

मिट्टी के फूल

तुम पानी के फव्वारे बहाओ
तुम लाठी के डंडे चलाओ
हमारे शरीर पर बर्बरता के फूल चढ़ाओ
पर हम मिट्टी से नाता नहीं तोड़ेंगे
मिट्टी ही हमारे जीवन की श्वास है

तुम अनेक रास्ते खोल दिये हैं
अब और एक रास्ता खोल रहे हो
वह हमारे लाशों पर से चलने का
यह रास्ता ले जाता है
पूँजीपतियों के द्वार तक
क्योंकि उनके ख़ज़ाने में
और भी जगह बची हुई है

मिट्टी पर हल चलाना
बीज बोना हमारा पेशा है
जब बीज फुटकर अंकुर बनते हैं
लहराते खेत हम को देख मुस्कुराते हैं
फिर अन्न देकर भूख मिटाते हैं
यह हमारी पुरखों की देन है
आज हम हल चलाते हैं
एक परम्परा है, एक अस्तित्व है

आज तुम एक नयी भाषा को अपना लिए हो
उसके शब्द हमारे हृदय में
ख़ंजर सा चूभते हैं
वह हमारे अस्तित्व पर पानी फेरते हैं
जीवन अत्यन्त दुर्लभ बन जाता
ना सपने रहेंगे ना संकल्प

हम किसान हैं, मिट्टी के फूल हैं
प्रेम किया करो फल बन जायेंगे
कपट से वंचित करें तो
हम मिट्टी ही बन जायेंगे
बन्द करो इस मौत के फ़रमान को
गले लग जाओ किसान और किसानी से।

अन्तर

सवेरे की प्रार्थना के बाद
मैं निकल पड़ा हूँ पार्क की ओर
वहीं मैं हर दिन चलता हूँ पैदल
वहाँ के वृक्षों में एक उत्साहित
वातावरण बना देख
मेरा हृदय भावनाओं में खो जाता है

हर वृक्ष आनन्द के उस स्थान पर
पहुँच जाता है, जहाँ उसका लक्ष्य बना रहा
फिर वह अपनी आत्मा को
उन पक्षियों पर न्यौछावर करता है
क्योंकि वे उस पर सवेरे ही मँडराते हैं

सवेरे का वह मधुर दृश्य देखकर
मेरा मन आनन्द के उन क्षणों को छूता है
तब मैं कल्पना में डूब जाता हूँ
मेरी भावनाएँ उत्तेजना के सागर पर
अभिव्यक्त होती हैं

मैं उन सवेरे के पक्षियों को देखता हूँ
तो समझ सकता हूँ कि उनमें
कोई भेद-भाव नहीं है
वे एक झुंड बनकर हवा में लहराते हैं

फिर मधुर आनन्द से वृक्षों पर
अपनी भाषा से भावोन्मेष होते हैं

आज मनुष्यों के बीच मनुष्य
भेदभाव के विष जाल में फँस कर
भाई-भाई के सम्बन्धों में
आघात पहुँचा रहा है
वह अपने स्वार्थ के दहलीज़ पर खड़ा है

मैं देख रहा हूँ मनुष्य और पक्षी के बीच
जो 'अन्तर' दिखाई दे रहा है
वह, यह पुष्टि कर रही है कि
पक्षी अपनी बिरादरी के साथ
कितना आनन्द से जी रहे हैं
वहीं मनुष्य समाज में रहते हुए भी
उसका हृदय घृणा में जलता है।

गीत गाया है पत्थरों ने

गीत गाया है पत्थरों ने
फूल मुस्कुरा दिये हैं उन गीतों पर
चलो हम भी उन गीतों पर
कुछ फूल बरसा देंगे
उन फूलों की महक को
हवा में बहा देंगे

गीत इतने सुनहरे हैं कि
सुनने वालों का मन
आकाश में झूम उठा है
पंछी के पंख हिलने लगे हैं
वे भी गीतों की सुनहरी आवाज़ को
आकाश में ले चले हैं

एक हँसता आकाश
उन गीतों से उन्मत्त हो
अपने शब्दों को
अतीत के आँचल पर खड़ा किया
अदृश्य आँखों से निहारने लगा
फिर एक नयी भावना को जन्म दिया

पत्थरों के गीतों में
एक सुनहरी आवाज़ रही

वह उदास मानव के हृदयों पर
गुलाबों की तरह खिल उठने लगी

गीत गाते पत्थरों ने
आज ध्वस्त होते रहे
क्षितिजावस्था पर खड़े
आँसुओं की नदी बहाते रहे
व्यापारी के कटघरे में
खड़े रहकर भी मुस्कुराते रहे

बदले हुए परिवेश में
अपना अस्तित्व खोते हुए भी
गीत गाते रहे।

हवा

हवा की लहर अदृश्य रहकर भी
सुगन्ध के पंखों को हिलाती है
जीवन के अनेक रास्तों को खोल कर
प्रकृति की शोभा बढ़ाती है

यह सृष्टि की बनी हुई
अद्भुत...अदृश्य... दृश्य है
अनुभूतियों का सागर है
प्रकृति की, लीला का दर्शन है

हवा ध्वनि की माधुर्य संगीत है
मनुष्य की भावनाओं में
काव्य की धारा बनकर बहती है
नस-नस में जीवन का पर्याय बनती है

हवा की लहर पहाड़ियों से टकराते हुए
पेड़-पौधों तक पहुँचती है
तब वे प्रेम से हिल जाते हैं और
हवा में घुल-मिलकर
प्राण-वायु की उत्पत्ति करते हैं

विषमताओं के चक्र में फँसी हुई हवा
जब सन्नाटे में बदल जाती है

तब हर एक जीवन घुटन महसूस करता है
जीवन की आशा, की कामना करता है

जब मनुष्य विकास के नाम
स्वार्थ हथकंडे अपनाता है
तब हवा का रुख़ बदल जाता है और
मानव कर्मों का दृश्य बन जाता है

तुम प्रकृति से प्रेम करोगे, तो
हवा तुमसे प्रेम करेगी
अनुभूतियों के सागर पर लहरायेगी
उसकी लहरों से तुम्हारा रोम-रोम
पुलकित हो उजागर होगा
प्रेम से भरा आकाश बन जायेगा।

वसन्त

फिर एक वसन्त आ गया है
मन खिल उठा फूलों जैसा
होंठों पर एक मुस्कान
हृदय में अम्बर के गीत

सवेरे की गुनगुनी धूप
पेड़-पौधों पर रंग जमा दी
प्रकृति के पावन से खिल उठती
वसन्त में अनोखा दृश्य बनती

सरसों के पीले फूलों पर
तितलियों और भँवर की नाच
पंछी उड़ती चली हवा में
अम्बर के चेहरे पर नया रंग

जीवन अब धीरे-धीरे
वसन्त में बदलने को
उमंग और उल्लास के साथ
प्रेम को जन्म देता

अब हर पल सपनों में
इच्छाओं को भर देता
नये-नये शब्दों में
कविता की पंखुड़ियों को खोल देता

मौसमी वसन्त आ ही गया
भावनाओं को बदलने लगा
ईर्ष्या-प्रेम को तोलने लगा
राजनीतिक षड्यन्त्र को जानने लगा।

रक्षाबन्धन

यह सावन का महीना
राखी का पर्व लेकर आया है
भाई-बहन के हृदय में
अमृत की धारा बरसाया है

रिमझिम बारिश की झड़ी में
राखी का आज त्योहार है
भाई की सूनी कलाई पर
बहन ने बाँधा है रेशम का धागा

भाई ने दिया है अनोखा तोहफ़ा
जो जीवन भर रक्षा का वादा
इस रिश्ते का कोई मोल नहीं
यह अनोखा प्रेम का बन्धन है

आज कहता है मन गीत गाने को
आज कहता है मौसम छा जाने को
रिश्तों की नाव में बैठकर
सुख-दुख को झेल लेंगे

बहन की मुस्कुराहटें देख
भाई का मन अम्बर को छूता है
समय की आवाज़ को पहचान कर
फिर विश्वास भरी श्वास लेता है

उदास बहन की आँखों में
आनन्द के प्रकाश को जगाता है
दुखों की झील में
सपनों के दीप बहाता है

यह भाई-बहन का रिश्ता
'रक्षा-बन्धन' का रिश्ता है
सभ्यता की नदी में बहता है यह बन्धन
वेदना के सरोवर को धो देता है यह बन्धन।

आया है सावन

कोयल की पुकार है
पपीहा की गुहार है
झूलों का मौसम है
डाली-डाली पर देखो
सावन के बूँद हैं

गरजता-बरसता यह सावन
धरती पर धूम मचा रहा है
देखो उसके एक-एक बूँद को
मोतियों जैसा चमक रहा है

कविता बरसती है
सावन में फूलों जैसा
तुम भी बरसो
उसके शब्दों जैसा

माँ ने अपने बच्चों को
सावन की बारिश से बचा रही है
एक नीड़ बनायी है पेड़ों पर
पंख खोल छिपा रही है

प्रकृति गुनगुनाने लगी है
सावन के बरसाने पर

यौवन पर निखर आने लगी है
बूँद-बूँद बरसने पर

सावन की रातों में
अब विरह के गीत नहीं
बरसाती बाँहों में
प्रेम के गीत ही सही

मन के आँचल पर
सावन के झूमते दृश्य
बार-बार पुकार रहे हैं
फूलों जैसा मुस्कुरा रहे हैं

बच्चों के हृदय में
बरस रहा है सावन
वे खेलते-कूदते तन-मन से भीगते
फिर आनन्द से झूम उठते

मैंने पकड़ रखा है
सावन की बूँदों को
अंजुरी में भर-भर कर
तुम्हें दे रहा हूँ
प्रेम से भर-भर कर

देखो आया है सावन
सपनों को उजागर करने
रिम-झिम बरसने लगा
मन की प्रकृति को जगाने लगा।

सावन की बारिश

रिमझिम-रिमझिम बारिश के बूँद
मोतियों जैसे चमकते बूँद
अब आया है सावन का मौसम
तन-मन को भिगो देगा
आत्मा को जगा देगा

यह ऋतुओं का मौसम है
यहाँ कोयल की पुकार है
रंग-बिरंगे फूलों का बग़ीचा है
चेहरे पर यौवन का निखार है

सावन की बारिश में
रात बन जाती है मधुर संगीत
भूली-बिसरी यादों को जगा कर
मन को मचला देती है
फिर प्रेम की पंखुरियाँ खोल देती है

सावन की पहली बारिश में
अम्बर पर इन्द्रधनुष मुस्कुराते हैं
सप्तरंगों में सज कर
प्रेम के फूल बरसाते हैं

सावन की पहली बारिश से
मिट्टी की सुगन्ध महकने लगती है
किसान का हृदय आनन्द और उल्लास से
हल चलाने लगता है

फिर देखो एक नयी धरती को
हरे-भरे पौधों से भरपूर
फल-फूलों से लदकर
प्रकृति की आत्मा बन जाती है

यह नदियों का फुसफुसाना
झील का बहाव
चहचहाते पंछियों का कलरव
सावन के सृजन में
दृश्यों का अम्बर बन जाती है।

वर्षा का बदलना

आज मौसम बदल गये हैं
प्रकृति भी बदल गयी है
मनुष्य भी बदलने लगे हैं
अब धरती पर वर्षा बूँद में नहीं
धार में बरस रही है

तुम देखो वर्षा ऋतु की ओर
वह आरम्भ में बूँद-बूँद
बरसने लगती है तो
मन खिल उठता है फूलों की तरह
धूप की तपिश से राहत मिलती है
तब हम सपनों में ठहर जाते हैं

वर्षा का आरम्भ होना
समय की सहजता है
ऋतु का बदलना
धरती के कन कन की आशा है

अब समय बदल गया है
वर्षा ऋतु, जलवायु परिवर्तन से
परिवर्तित हो गया है
उसके बूँद भी बदल गये हैं

जब वर्षा आरम्भ होती है तो
एक ही दिन में एक महीने की होती है
तब धरती पर जलभराव से
नाले, नदियाँ बहने लगती हैं

यह सागर से उठते तूफ़ान
यह फटते बादल
जलवायु परिवर्तन की प्रक्रिया है
जिसके कहर से
गाँव-शहर डूबने लगते हैं

आज धरती पर प्रदूषण का कहर
जीवन की रस्सी को
काट रहा है
हम देख रहे हैं जलते हुए
जंगलों को पहाड़ों को

धरती पर एक हिस्सा जल रहा है तो
दूसरा हिस्सा जल संकट बन खड़ा है
नदियाँ उफान में चलती हैं और
गाँव, शहरों में जल से भर देती हैं

प्रकृति से खिलवाड़ करने का अंजाम
मनुष्य के जीवन पर कितना असर डालता है
हम देख रहे हैं
धरती का हर जीव भी
ख़तरे को झेल रहा है

बढ़ता हुआ तापमान जंगल ही नहीं
शहरों को भी जला डाल देगा

तब हम निस्सहाय होकर देखते रह जायेंगे
वह हमारे दहलीज तक पहुँच जायेगा

वर्षा का बदलना
यह जलवायु परिवर्तन ही है
उस प्रकृति के परिवर्तन में
हम कोई निर्दोष नहीं हैं।

❐❐